한 권으로 끝내는

# 일본어 펜맨십

# 한 권으로 끝내는
# 일본어 펜맨십

찍은날 ┃ 2007년 4월 10일 인쇄
펴낸날 ┃ 2007년 4월 17일 발행

지은이 ┃ MEC 언어연구팀
펴낸이 ┃ 조 명 숙
펴낸곳 ┃ 도서출판 맑은창
등록번호 ┃ 제16-2083호
등록일자 ┃ 2000년 1월 17일

주소 ┃ 서울 금천구 가산동 235-53 우림빌딩 201호
전화 ┃ (02) 851-9511
팩스 ┃ (02) 852-9511
전자우편 ┃ hannae21@korea.com

ISBN 978-89-86607-56-7  03730

값 5,000원

# 한 권으로 끝내는
# 일본어
# 펜맨십

MEC 언어연구팀

도서
출판 맑은창

# 일본의 개요

　　일본은 남북으로 약 3000km에 걸쳐 길게 뻗어 있는 약 7000여 개의 크고 작은 섬으로 이루어진 섬나라입니다. 주요 섬으로 홋카이도[北海道], 혼슈[本州], 시코쿠[四国], 큐슈[九州]가 있습니다. 총 면적은 약 377,818㎢로, 혼슈가 가장 크고 전체 면적의 약 67.3%를 차지합니다. 행정구역상으로 47개의 都道府県으로 1都(東京都), 1道(北海道), 2府(大阪府, 京都府), 43県이며, 수도는 도쿄[東京]이고, 인구는 약 1억 2500만 명 정도이며, 언어는 일본어를 쓰고 있습니다.

　　종교는 토착 신앙인 신도(神道)와 불교이며, 정치적으로는 수상을 중심으로 하는 의원내각제를 채택하고 있습니다. 현 총리는 코이즈미 준이치로[小泉純一郎]입니다. 천황은 상징적 원수로 아키히토 천황[明仁天皇]입니다. 연호를 쓰고 있으며, 2005년 현재 헤이세-17년(平成17年)입니다.

● 국기 : 히노마루[日の丸]
　　일장기(にっしょうき・日章旗)라고도 합니다. 양쪽 다 '떠오르는 태양의 깃발'이라는 뜻으로 일본의 선박과 외국의 선박을 구별하기 위하여 16C경부터 사용하였습니다.

● 국가 : 기미가요[君が代]
　　기미가요의 가사는 천황의 영광이 언제까지나 영원하기를 기원하는 내용으로《고킨와카슈[古今和歌集]》에 수록된 와카[和歌]로 작자는 미상입니다. 최근에는 이 내용을 군국주의나 천황제의 상징이라고 문제삼아 거부하는 단체나 개인이 늘고 있습니다.

● 국화 : 벚꽃으로 많이 알려져 있으나 법률로 지정된 국화(国花)는 없습니다. 벚꽃은 오래 전부터 일본의 신화에 나타나며, 무사들의 인생관을 나타내기도 하며, 일본인들에게 가장 친근한 꽃입니다. 황실의 문장은 국화(菊花)입니다.

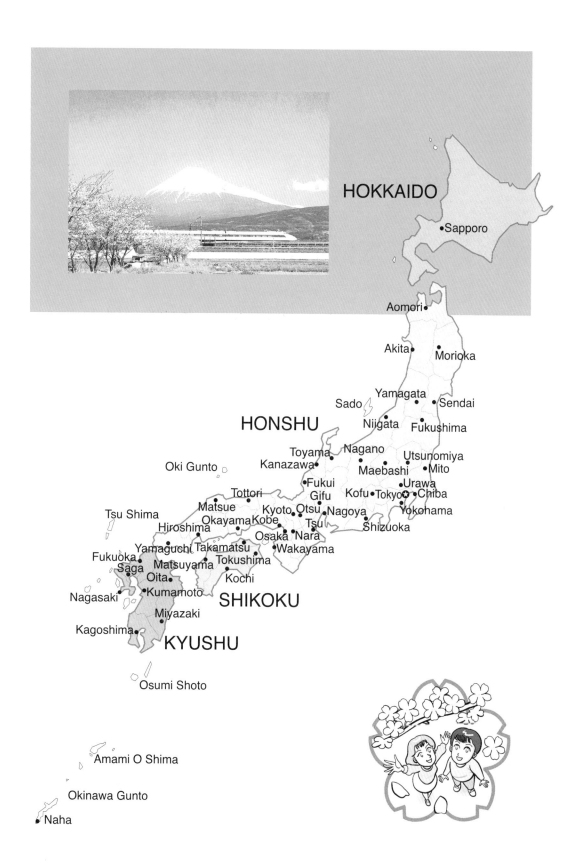

HOKKAIDO

•Sapporo

Aomori•

Akita•        •Morioka

Yamagata
Sado      •
            Niigata  •Sendai
HONSHU              •Fukushima

Toyama      Nagano  Utsunomiya
Oki Gunto    Kanazawa        Maebashi  •Mito
            •Fukui            Urawa•
         Tottori    Gifu  Kofu• •Tokyo •Chiba
   Matsue  Kyoto•Otsu Nagoya    •Yokohama
Tsu Shima   Okayama•Kobe  Tsu
   Hiroshima   Osaka•Nara   Shizuoka
         Yamaguchi Takamatsu •Wakayama
Fukuoka•    Matsuyama  Tokushima
  Saga•  Oita•  Kochi•
      •Kumamoto      SHIKOKU
Nagasaki•
      •Miyazaki
Kagoshima•   KYUSHU

      •Osumi Shoto

      Amami O Shima

   Okinawa Gunto
•Naha

5

# 목차(目次)

# 일본어 문자

일본어 글자에는 히라가나(ひらがな)와 가타카나(カタカナ)가 있고, 여기에 한자(漢字)가 병행하여 사용됩니다.
히라가나와 가타카나를 통틀어 가나(かな, 빌린 글자)라 부르는데, 일본어의 알파벳에 해당합니다.

## (1) 히라가나(ひらがな)

- 히라가나는 일본 헤이안 시대[平安時代 : 794~1192년]인 9세기경에 궁궐 귀족 여성들에 의해 한자(漢字)의 초서(草書)체를 간략화하여 만든 글자라고 합니다.
- 히라가나는 인쇄·필기를 막론하고 모든 경우에 사용되며, 한자로 표기하거나 로마자로 표기하는 것을 제외하고 일반적으로 가장 많이 쓰이는 문자입니다.

## (2) 가타카나(カタカナ)

- 가타카나는 일본의 헤이안 시대[平安時代] 초기에 승려들이 불경을 강독(講読)하면서 불경의 한자에 음(音)을 달기 위해 한자의 획을 줄이거나 한자의 한 부분을 따서 만든 글자라고 합니다.
- 가타카나는 외래어·의성어·의태어·전보·광고문 등 특별히 어의(語意)를 강조하고 싶을 때만 부분적으로 사용하고 있습니다.

## (3) 한자(漢字)

- 일본어의 문장은 주로 히라가나와 한자를 섞어서 쓰는데, 한자(일본 고유의 한자도 있습니다)도 일본어라 생각하고 공부해야 합니다. 일본어에서 한자는 주로 약자[新字体]를 많이 사용합니다. 따라서 우리가 보통으로 쓰는 정자(正字)로만 표기하면 안 됩니다.
- 일본어에서는 이 한자 읽기가 아주 중요한데, 보통 하나의 한자(漢字)에 두 가지 이상의 읽는 방법이 있습니다. 한자의 뜻을 새겨서 읽는 법을 훈독(訓読)이라 하고, 음(音)을 따라서 소리나는 대로 읽는 법을 음독(音読)이라 합니다.
- 현재 일본에서는 내각고시로 제정한 상용한자(常用漢字) 1945字를 표준으로 사용하고 있습니다.

## (4) 오십음도(五十音図 ; ごじゅうおんず)

- 가나(かな)를 일정한 순서로 5字씩 10行으로 배열한 것을 오십음도(五十音図)라고 하는데, 이것은 일종의 자모표(字母表)입니다.
- 세로의 줄을 「行(ぎょう)」이라 하고, 가로의 줄을 「段(だん)」이라고 합니다. 같은 자음(子音)이 같은 「行」에 있고, 같은 모음(母音)이 같은 「段」에 있게 됩니다.

# 히라가나(ひらがな) 오십음도

별색으로 표기된 글자는 히라가나의 자원(字源)입니다.

| 段<br>行 | あ段 | い段 | う段 | え段 | お段 |
|---|---|---|---|---|---|
| あ行 | あ 安<br>아 (a) | い 以<br>이 (i) | う 宇<br>우 (u) | え 衣<br>에 (e) | お 於<br>오 (o) |
| か行 | か 加<br>카 (ka) | き 幾<br>키 (ki) | く 久<br>쿠 (ku) | け 計<br>케 (ke) | こ 己<br>코 (ko) |
| さ行 | さ 左<br>사 (sa) | し 之<br>시 (si) | す 寸<br>스 (su) | せ 世<br>세 (se) | そ 曽<br>소 (so) |
| た行 | た 太<br>타 (ta) | ち 知<br>치 (chi) | つ 川<br>츠 (tsu) | て 天<br>테 (te) | と 止<br>토 (to) |
| な行 | な 奈<br>나 (na) | に 仁<br>니 (ni) | ぬ 奴<br>누 (nu) | ね 称<br>네 (ne) | の 乃<br>노 (no) |
| は行 | は 波<br>하 (ha) | ひ 比<br>히 (hi) | ふ 不<br>후 (hu) | へ 部<br>헤 (he) | ほ 保<br>호 (ho) |
| ま行 | ま 末<br>마 (ma) | み 美<br>미 (mi) | む 武<br>무 (mu) | め 女<br>메 (me) | も 毛<br>모 (mo) |
| や行 | や 也<br>야 (ya) | | ゆ 由<br>유 (yu) | | よ 与<br>요 (yo) |
| ら行 | ら 良<br>라 (ra) | り 利<br>리 (ri) | る 留<br>루 (ru) | れ 礼<br>레 (re) | ろ 呂<br>로 (ro) |
| わ行 | わ 和<br>와 (wa) | | | | を 袁<br>오 (wo) |
| | ん 无<br>응 (n,ng) | | | | |

# 가타카나(カタカナ) 오십음도

별색으로 표기된 글자는 가타카나의 자원(字源)입니다.

| 行＼段 | ア 段 | イ 段 | ウ 段 | エ 段 | オ 段 |
|---|---|---|---|---|---|
| ア行 | ア 阿<br>아 (a) | イ 伊<br>이 (i) | ウ 宇<br>우 (u) | エ 江<br>에 (e) | オ 於<br>오 (o) |
| カ行 | カ 加<br>카 (ka) | キ 幾<br>키 (ki) | ク 久<br>쿠 (ku) | ケ 介<br>케 (ke) | コ 己<br>코 (ko) |
| サ行 | サ 散<br>사 (sa) | シ 之<br>시 (si) | ス 須<br>스 (su) | セ 世<br>세 (se) | ソ 曽<br>소 (so) |
| タ行 | タ 多<br>타 (ta) | チ 千<br>치 (chi) | ツ 川<br>츠 (tsu) | テ 天<br>테 (te) | ト 止<br>토 (to) |
| ナ行 | ナ 奈<br>나 (na) | ニ 二<br>니 (ni) | ヌ 奴<br>누 (nu) | ネ 称<br>네 (ne) | ノ 乃<br>노 (no) |
| ハ行 | ハ 八<br>하 (ha) | ヒ 比<br>히 (hi) | フ 不<br>후 (hu) | ヘ 部<br>헤 (he) | ホ 保<br>호 (ho) |
| マ行 | マ 万<br>마 (ma) | ミ 三<br>미 (mi) | ム 牟<br>무 (mu) | メ 女<br>메 (me) | モ 毛<br>모 (mo) |
| ヤ行 | ヤ 也<br>야 (ya) | | ユ 由<br>유 (yu) | | ヨ 与<br>요 (yo) |
| ラ行 | ラ 良<br>라 (ra) | リ 利<br>리 (ri) | ル 流<br>루 (ru) | レ 礼<br>레 (re) | ロ 呂<br>로 (ro) |
| ワ行 | ワ 和<br>와 (wa) | | | | ヲ 乎<br>오 (wo) |
| | ン 无<br>응 (n,ng) | | | | |

## 히라가나 탁음(濁音) · 반탁음(半濁音)

| が | ぎ | ぐ | げ | ご |
|---|---|---|---|---|
| 가[ga] | 기[gi] | 구[gu] | 게[ge] | 고[go] |
| ざ | じ | ず | ぜ | ぞ |
| 자[za] | 지[zi] | 즈[zu] | 제[ze] | 조[zo] |
| だ | ぢ | づ | で | ど |
| 다[da] | 지[dsi] | 즈[dsu] | 데[de] | 도[do] |
| ば | び | ぶ | べ | ぼ |
| 바[ba] | 비[bi] | 부[bu] | 베[be] | 보[bo] |
| ぱ | ぴ | ぷ | ぺ | ぽ |
| 파[pa] | 피[pi] | 푸[pu] | 페[pe] | 포[po] |

## 가타카나 탁음(濁音) · 반탁음(半濁音)

| ガ | ギ | グ | ゲ | ゴ |
|---|---|---|---|---|
| 가[ga] | 기[gi] | 구[gu] | 게[ge] | 고[go] |
| ザ | ジ | ズ | ゼ | ゾ |
| 자[za] | 지[zi] | 즈[zu] | 제[ze] | 조[zo] |
| ダ | ヂ | ヅ | デ | ド |
| 다[da] | 지[dsi] | 즈[dsu] | 데[de] | 도[do] |
| バ | ビ | ブ | ベ | ボ |
| 바[ba] | 비[bi] | 부[bu] | 베[be] | 보[bo] |
| パ | ピ | プ | ペ | ポ |
| 파[pa] | 피[pi] | 푸[pu] | 페[pe] | 포[po] |

| きゃ | きゅ | きょ | キャ | キュ | キョ |
|---|---|---|---|---|---|
| 캬, 꺄[kya] | 큐, 뀨[kyu] | 쿄, 꾜[kyo] | 캬, 꺄[kya] | 큐, 뀨[kyu] | 쿄, 꾜[kyo] |
| しゃ | しゅ | しょ | シャ | シュ | ショ |
| 샤[sya] | 슈[syu] | 쇼[syo] | 샤[sya] | 슈[syu] | 쇼[syo] |
| ちゃ | ちゅ | ちょ | チャ | チュ | チョ |
| 챠, 쨔[cya] | 츄, 쮸[cyu] | 쵸, 쬬[cyo] | 챠, 쨔[cya] | 츄, 쮸[cyu] | 쵸, 쬬[cyo] |
| にゃ | にゅ | にょ | ニャ | ニュ | ニョ |
| 냐[nya] | 뉴[nyu] | 뇨[nyo] | 냐[nya] | 뉴[nyu] | 뇨[nyo] |
| ひゃ | ひゅ | ひょ | ヒャ | ヒュ | ヒョ |
| 햐[hya] | 휴[hyu] | 효[hyo] | 햐[hya] | 휴[hyu] | 효[hyo] |
| みゃ | みゅ | みょ | ミャ | ミュ | ミョ |
| 먀[mya] | 뮤[myu] | 묘[myo] | 먀[mya] | 뮤[myu] | 묘[myo] |
| りゃ | りゅ | りょ | リャ | リュ | リョ |
| 랴[rya] | 류[ryu] | 료[ryo] | 랴[rya] | 류[ryu] | 료[ryo] |
| ぎゃ | ぎゅ | ぎょ | ギャ | ギュ | ギョ |
| 갸[gya] | 규[gyu] | 교[gyo] | 갸[gya] | 규[gyu] | 교[gyo] |
| じゃ | じゅ | じょ | ジャ | ジュ | ジョ |
| 쟈[zya] | 쥬[zyu] | 죠[zyo] | 쟈[zya] | 쥬[zyu] | 죠[zyo] |
| ぢゃ | ぢゅ | ぢょ | ヂャ | ヂュ | ヂョ |
| 쟈[ja] | 쥬[ju] | 죠[jo] | 쟈[ja] | 쥬[ju] | 죠[jo] |
| びゃ | びゅ | びょ | ビャ | ビュ | ビョ |
| 뱌[bya] | 뷰[byu] | 뵤[byo] | 뱌[bya] | 뷰[byu] | 뵤[byo] |
| ぴゃ | ぴゅ | ぴょ | ピャ | ピュ | ピョ |
| 퍄[pya] | 퓨[pyu] | 표[pyo] | 퍄[pya] | 퓨[pyu] | 표[pyo] |

# 일본어 표기법

## (1) 마침표[句点 ; くてん]

● 마침표를 일본어에서는 句点(くてん)이라고 합니다. 하나
의 문장이 끝났을 때 우리말에서는 「 ~. 」로 표기하지만,
일본어에서는 「 ~。」로 표기합니다.

## (2) 쉼표[読点 ;とうてん]

● 쉼표를 일본어에서는 読点(とうてん)이라고 합니다. 문장의 중간에 우
리말에서는 「 , 」로 표기하지만, 일본어에서는 「 、」로 표기합니다.

● 일본어에서도 가로쓰기에서는 「 , 」로 표기하고, 세로쓰기에서는 「 、」
로 표기하지만, 일본어 표기는 대부분 세로쓰기이므로 통상적으로는
가로와 세로를 구분하지 않고 「 、」로 표기하는 경우가 많습니다.

## (3) 물음표[疑問符]

● 물음표를 일본어에서는 疑問符(ぎもんふ)이라고 합니다. 우리말
에서는 「 ~? 」로 표기하지만, 일본어에서는 사용하지 않고 마침
표와 마찬가지로 그냥 「 ~。」로 표기합니다.

● 일본어에서의 물음(의문)을 표시하는 말은 문장의 끝에 「 ~か 」
가 오는데, 이 경우 그 문장은 의문문으로 해석해야 합니다.

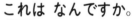

これは なんですか。

## (4) 띄어쓰기

よろしく
おねがいします。

● 일본어에서는 우리말과 달리 원칙적으로는 띄어쓰기를 하지
않습니다. 다만 어린이를 위한 책이거나 외국인이 일본어를
배울 때 배우는 사람의 문장 이해를 돕기 위해 의도적으로
띄어쓰기를 하는 경우는 있습니다.

# 1

## 히라가나
## 익히기

청음(清音)
발음(撥音)

ひらがな

字源:
<편안 안(安)>자의
초서체가 변형된
것입니다.

發 音 : 우리말의 「아」에 가까운 발음으로
영어 로마자 표기는 [a]입니다.
발음할 때는 입을 크게 벌리고 목구
멍 안쪽에서부터 숨을 내뱉듯 소리
를 냅니다.

아[a]

● あめ 비(雨) ● あさ 아침(朝) ● あじ 맛(味) ● あたま 머리(頭) ● あし 발, 다리(足)
● あした 내일(明日) ● あお 파랑(靑) ● あき 가을(秋)

| あ | あ | あ | あ | あ | あ | あ |
|---|---|---|---|---|---|---|
|  |  |  |  |  |  |  |
|  |  |  |  |  |  |  |
|  |  |  |  |  |  |  |
|  |  |  |  |  |  |  |
|  |  |  |  |  |  |  |

청음(淸音) あ行

모음. 일본어의 모음은 「あ・い・う・え・お」 다섯 가지밖에 없습니다.

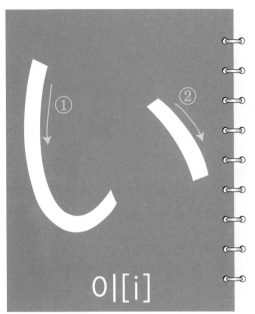

い

① ②

이[i]

字源:
<써 이(以)>자의
초서체가 변형된
것입니다.

發音 : 우리말의 「이」에 가까운 발음으로
영어 로마자 표기는 [i]입니다.
발음할 때는 우리말의 「이」보다 좀
더 입술 양끝을 옆으로 벌려서 소리
를 냅니다.

● いもうと 여동생(妹) ● いち 위치(位置) ● いけん 의견(意見) ● いしゃ 의사(医者)
● いぬ 개(犬) ● いろ 빛깔(色) ● いえ 집(家) ● いま 지금(今) ● いす 의자

| | | | | | |
|---|---|---|---|---|---|
| い | い | い | い | い | い |
| | | | | | |
| | | | | | |
| | | | | | |
| | | | | | |
| | | | | | |

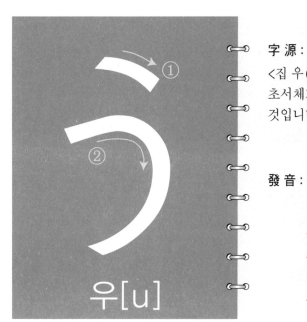

우[u]

字源 :

<집 우(宇)>자의
초서체가 변형된
것입니다.

發音 : 우리말의 「우」와 「으」의 중간 정도
발음으로 대체로 「우」에 더욱 가까우
며 영어 로마자 표기는 [u]입니다.
발음할 때는 우리말의 「으」를 발음하
는 입 모양에서 입술에 힘을 빼고
「우」를 발음합니다. 입술이 너무 앞으
로 튀어나오지 않도록 해야 합니다.

• うんてん 운전(運転) • うしろ 뒤(後) • うんどう 운동(運動) • うし 소(牛)
• うつわ 그릇(器) • うえ 위(上) • うた 노래(歌) • うみ 바다(海)

| う | う | う | う | う | う | う |
|---|---|---|---|---|---|---|
| | | | | | | |
| | | | | | | |
| | | | | | | |
| | | | | | | |
| | | | | | | |

에[e]

字源:

<옷 의(衣)>자의
초서체가 변형된
것입니다.

發音: 우리말의 「에」와 「애」의 중간 정도
발음으로 대체로 「에」에 더욱 가까
우며 영어 로마자 표기는 [e]입니
다.
발음할 때는 입을 반쯤 벌리고 약간
강하고 짧게 소리를 냅니다.

● えいが 영화(映画) ● えんぴつ 연필(鉛筆) ● えんちゃく 연착(延着) ● え 그림(絵)
● えん 엔(円) ● えき 역, 정거장(駅)

| え | え | え | え | え | え | え |
|---|---|---|---|---|---|---|
|   |   |   |   |   |   |   |
|   |   |   |   |   |   |   |
|   |   |   |   |   |   |   |
|   |   |   |   |   |   |   |
|   |   |   |   |   |   |   |

① ③ ②

오[o]

字源 :
<어조사 어(於)>자
의 초서체가 변형
된 것입니다.

發音 : 우리말의 「오」에 가까운 발음으로
영어 로마자 표기는 [o]입니다.
발음할 때는 우리말의 「오」보다 약
간 입을 넓게 벌리고 입술을 앞으로
내미는 듯하면서 짧게 소리를 냅니
다.

• おとこ 남자(男) • おんな 여자(女) • おんがく 음악(音楽) • おんど 온도(温度)
• おもちゃ 장난감(玩具) • おう 왕(王) • おと 소리(音) • おや 부모(親)

| お | お | お | お | お | お | お |
|---|---|---|---|---|---|---|
|   |   |   |   |   |   |   |
|   |   |   |   |   |   |   |
|   |   |   |   |   |   |   |
|   |   |   |   |   |   |   |
|   |   |   |   |   |   |   |

カ[ka]

字源 :
<더할 가(加)>자의
초서체가 변형된
것입니다.

加

發音 : 우리말의 「카」와 「가」의 중간 정도
발음으로 단어의 중간이나 끝에 올
때, 의문조사로 쓰일 때는 「까」에 가
까운 발음이 납니다. 영어 로마자 표
기는 [ka]입니다.

● かみ 머리카락(髮) ● かた 어깨(肩) ● かんこく 한국(韓国) ● かーぞく 가족(家族)
● かいしゃ 회사(会社) ● かお 얼굴(顔) ● かし 과자(菓子) ● かみ 종이(紙) ● かさ 우산(傘)

| か | か | か | か | か | か | か |
|---|---|---|---|---|---|---|
|   |   |   |   |   |   |   |
|   |   |   |   |   |   |   |
|   |   |   |   |   |   |   |
|   |   |   |   |   |   |   |
|   |   |   |   |   |   |   |

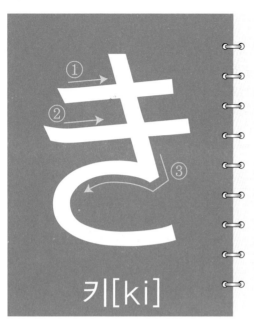

キ[ki]

字源 :

<멫 기(幾)>자의
초서체가 변형된
것입니다.

發音 : 우리말의 「키」와 「기」의 중간 정도
발음으로 단어의 중간이나 끝에 올
때는 「끼」에 가까운 발음이 납니다.
영어 로마자 표기는 [ki]입니다.

● きょうじゅ 교수(教授) ● きょう 오늘(今日) ● きっぷ 표(切符) ● きょしつ 교실(校室)
● きんこ 금고(金庫) ● きせつ 계절(季節) ● きこく 귀국(帰国) ● きた 북쪽(北)

| き | き | き | き | き | き | き |
|---|---|---|---|---|---|---|
|  |  |  |  |  |  |  |
|  |  |  |  |  |  |  |
|  |  |  |  |  |  |  |
|  |  |  |  |  |  |  |
|  |  |  |  |  |  |  |

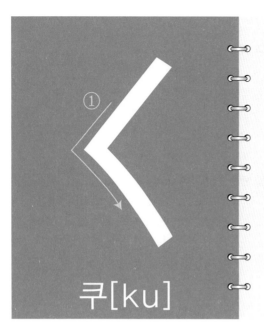

쿠[ku]

字源:
<오랠 구(久)>자의
초서체가 변형된
것입니다.

發音 : 우리말의 「쿠」와 「구」의 중간 정도
발음으로 단어의 중간이나 끝에 올
때는 「꾸」에 가까운 발음이 납니다.
영어 로마자 표기는 [ku]입니다.

• くつした 양말(靴下) • くうこう 공항(空港) • くすり 약(薬) • くるま 차(車)
• くに 나라(国) • くだもの 과일(果物) • くつ 신발(靴)

| く | く | く | く | く | く | く |
|---|---|---|---|---|---|---|
|   |   |   |   |   |   |   |
|   |   |   |   |   |   |   |
|   |   |   |   |   |   |   |
|   |   |   |   |   |   |   |
|   |   |   |   |   |   |   |

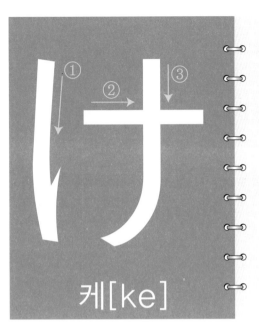

けke

케[ke]

字 源 :

<셈 계(計)>자의
초서체가 변형된
것입니다.

發 音 : 우리말의 「케」와 「게」의 중간 정도
발음으로 단어의 중간이나 끝에 올
때는 「께」에 가까운 발음이 납니다.
영어 로마자 표기는 [ke]입니다.

●けしょうひん 화장품(化粧品) ●けんぶつ 구경(見物) ●けんきゅう 연구(研究)
●けっか 결과(結果) ●けがわ 모피(毛皮)●けっこん 결혼(結婚) ●けしき 경치(景色)

| け | け | け | け | け | け | け |
|---|---|---|---|---|---|---|
| | | | | | | |
| | | | | | | |
| | | | | | | |
| | | | | | | |
| | | | | | | |

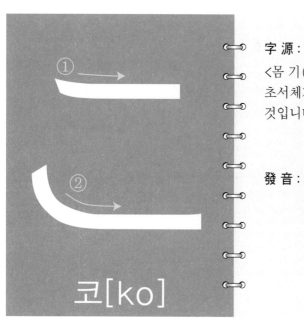

コ[ko]

字源:
<몸 기(己)>자의 초서체가 변형된 것입니다.

發音: 우리말의 「코」와 「고」의 중간 정도
발음으로 단어의 중간이나 끝에 올
때는 「꼬」에 가까운 발음이 납니다.
영어 로마자 표기는 [ko]입니다.

● こ 자식(子) ● こうきあつ 고기압(高気圧) ● こうずい 홍수(洪水) ● こうし 강사(講師)
● こうえん 공원(公園) ● こえ 목소리(声) ● こうつう 교통(交通)

① ②

사[sa]

字源 :
<왼 좌(左)>자의
초서체가 변형된
것입니다.

發 音 : 우리말의 「사」에 가까운 발음으로
     영어 로마자 표기는 [sa]입니다.

●さっか 작가(作家) ● さけ 술(酒) ● さいふ 지갑(財布)● さしみ 생선회(刺身)
● さかな 생선(魚) ● さとう 설탕(砂糖) ● さら 접시(皿) ● さいきん 최근(最近)

| さ | さ | さ | さ | さ | さ | さ |
|---|---|---|---|---|---|---|
| | | | | | | |
| | | | | | | |
| | | | | | | |
| | | | | | | |
| | | | | | | |

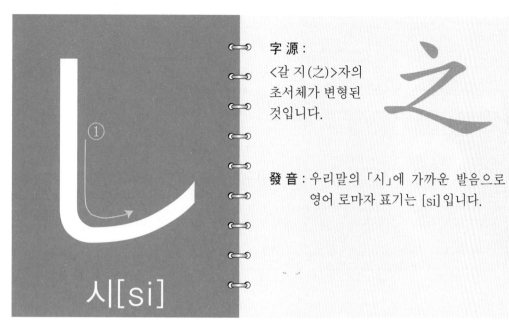

し ①

시[si]

字源:
<갈 지(之)>자의
초서체가 변형된
것입니다.

之

發音: 우리말의 「시」에 가까운 발음으로
영어 로마자 표기는 [si] 입니다.

• しんぶん 신문(新聞) • しごと 일(仕事) • しも 서리(霜) • しんごう 신호(信号)
• しけん 실험(試験) • した 아래(下) • しつもん 질문(質問) • しま 섬(島)

| し | し | し | し | し | し | し | し |
|---|---|---|---|---|---|---|---|
|   |   |   |   |   |   |   |   |
|   |   |   |   |   |   |   |   |
|   |   |   |   |   |   |   |   |
|   |   |   |   |   |   |   |   |
|   |   |   |   |   |   |   |   |

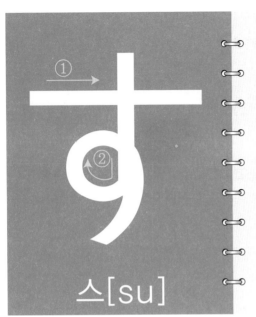

스[su]

字源 :
<마디 촌(寸)>자의
초서체가 변형된
것입니다.

發音 : 우리말의 「스」와 「수」의 중간 정도
발음으로 대체로 「스」에 가까운 발
음이 납니다. 영어 로마자 표기는
[su]입니다.

- す 식초(酢) • すいようび 수요일(水曜日) • すずめ 참새(雀) • すいえい 수영(水泳)
- すいり 추리(推理) • すいか 수박(西瓜) • すこし 조금, 약간 • すすめる 권하다

| す | す | す | す | す | す | す |
|---|---|---|---|---|---|---|
|  |  |  |  |  |  |  |
|  |  |  |  |  |  |  |
|  |  |  |  |  |  |  |
|  |  |  |  |  |  |  |
|  |  |  |  |  |  |  |

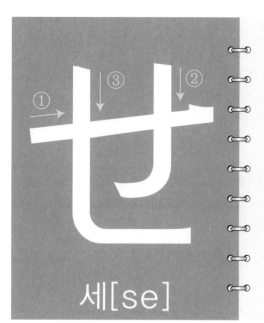

세[se]

字源 :
<인간 세(世)>자의
초서체가 변형된
것입니다.

發音 : 우리말의 「세」에 가까운 발음으로
　　　 영어 로마자 표기는 [se] 입니다.

● せいじか 정치인(政治家) ● せいがくか 성악가(声楽家) ● せいふく 제복(制服)
● せいかく 성격(性格) ● せいかつ 생활(生活) ● せかい 세계(世界) ● せき 자리(席)

| せ | せ | せ | せ | せ | せ | せ |
|---|---|---|---|---|---|---|
|  |  |  |  |  |  |  |
|  |  |  |  |  |  |  |
|  |  |  |  |  |  |  |
|  |  |  |  |  |  |  |
|  |  |  |  |  |  |  |

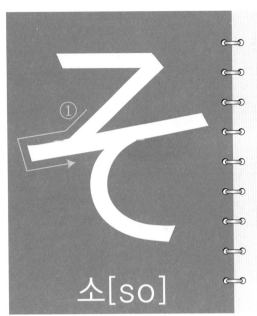

① そ

소[so]

曽

字源:
<일찍 증(曽)>자의
초서체가 변형된
것입니다.

發音: 우리말의 「소」에 가까운 발음으로
영어 로마자 표기는 [so]입니다.

● そうだん 상담(相談) ● そうじ 청소(掃除) ● そうむか 총무과(総務課)
● そしき 조직(組織) ● そら 하늘(空) ● そつぎょう 졸업(卒業) ● そと 바깥(外)

| そ | そ | そ | そ | そ | そ | そ |
|---|---|---|---|---|---|---|
| | | | | | | |
| | | | | | | |
| | | | | | | |
| | | | | | | |
| | | | | | | |

타[ta]

字源:
<클 태(太)>자의 초서체가 변형된 것입니다.

發音: 우리말 「타」와 「다」의 중간 정도 발음으로 대체로 「타」에 가까우며 단어의 중간이나 끝에 올 때는 「따」에 가까운 발음이 납니다. 영어 로마자 표기는 [ta]입니다.

청음(淸音) た行

「た」행의 「ち, つ」음은 우리말에 없는 발음이므로 특히 발음에 신경써야 합니다.

● たいいく 체육(体育) ● たっきゅう 탁구(卓球) ● たいそう 체조(体操) ● たけ 대나무(竹)
● たいふう 태풍(台風) ● たんご 단어(単語) ● たまご 달걀(卵) ● たてもの 건물(建物)

| た | た | た | た | た | た | た |
|---|---|---|---|---|---|---|
| | | | | | | |
| | | | | | | |
| | | | | | | |
| | | | | | | |
| | | | | | | |

치[chi]

字源:
<알 지(知)>자의 초서체가 변형된 것입니다.

發音: 우리말 「치」에 가까우며 발음할 때 시작음을 약하게 발음합니다. 단어의 중간이나 끝에 올 때는 「찌」에 가까운 발음이 납니다. 영어 로마자 표기는 [chi]입니다.

● ちかみち 지름길(近道) ● ち 피(血) ● ちょう 창자(腸) ● ちうごくじん 중국인(中国人)
● ちかてつ 지하철(地下鉄) ● ちず 지도(地図) ● ちち 아버지(父) ● ちり 지리(地理)

| ち | ち | ち | ち | ち | ち | ち |
|---|---|---|---|---|---|---|
|  |  |  |  |  |  |  |
|  |  |  |  |  |  |  |
|  |  |  |  |  |  |  |
|  |  |  |  |  |  |  |
|  |  |  |  |  |  |  |

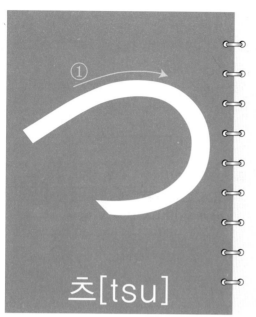

① 츠[tsu]

**字源:**
<내 천(川)>자의
초서체가 변형된
것입니다.

**發音:** 우리말 「쯔, 쓰, 츠」의 복합적인 발
음으로 「쓰」의 입 모양에서 「쯔」를
발음하면 가장 비슷하다고 봅니다.
단어의 중간이나 끝에 올 때는 「쯔」
에 가까운 발음이 납니다. 영어 로마
자 표기는 [tsu]입니다.

● つゆ 장마(梅雨) ● つゆ 이슬(露) ● つま 아내(妻) ● つばめ 제비(燕) ● つち 망치(鎚)
● つなみ 지진해일(津波) ● つえ 지팡이(杖) ● つき 달(月) ● つくえ 책상(机) ● つち 흙(土)

| | | | | | | |
|---|---|---|---|---|---|---|
| つ | つ | つ | つ | つ | つ | つ |
| | | | | | | |
| | | | | | | |
| | | | | | | |
| | | | | | | |
| | | | | | | |

테[te]

字源:
<하늘 천(天)>자의
초서체가 변형된
것입니다.

發音: 우리말 「테」와 「데」의 중간 정도 발
음으로 대체로 「테」에 가까우며 단
어의 중간이나 끝에 올 때는 「떼」에
가까운 발음이 납니다. 영어 로마자
표기는 [te]입니다.

• て 손(手) • てつどう 철도(鉄道) • てんじょう 천장(天井) • てんいん 점원(店員)
• てぶくろ 장갑(手袋) • てがみ 편지(手紙) • てちょう 수첩(手帳)

| て | て | て | て | て | て | て |
|---|---|---|---|---|---|---|
| | | | | | | |
| | | | | | | |
| | | | | | | |
| | | | | | | |
| | | | | | | |

토[to]

字源:
<그칠 지(止)>자의
초서체가 변형된
것입니다.

發音 : 우리말 「토」와 「도」의 중간 정도 발음으로 대체로 「토」에 가까우며 단어의 중간이나 끝에 올 때는 「또」에 가까운 발음이 납니다. 영어 로마자 표기는 [to]입니다.

● とら 호랑이(虎) ● とりにく 닭고기(鶏肉) ● とうふ 두부(豆腐) ● とけい 시계(時計)
● とり 새(鳥) ● としょかん 도서관(図書館) ● ともだち 친구(友達) ● とき 때, 시간

| と | と | と | と | と | と | と | と |
|---|---|---|---|---|---|---|---|
|  |  |  |  |  |  |  |  |
|  |  |  |  |  |  |  |  |
|  |  |  |  |  |  |  |  |
|  |  |  |  |  |  |  |  |
|  |  |  |  |  |  |  |  |

나[na]

字 源:
<어찌 나(奈)>자의
초서체가 변형된
것입니다.

發 音 : 우리말의 「나」에 가까운 발음으로
영어 로마자 표기는 [na] 입니다.

● なし 배(梨) ● なべ 냄비(鍋) ● なにもの 어떤물건(何物) ● なみき 가로수(街路樹)
● なつ 여름(夏) ● なまえ 이름(名前) ● なか 속, 가운데(中) ● なみだ 눈물(涙)

| な | な | な | な | な | な | な |
|---|---|---|---|---|---|---|
|  |  |  |  |  |  |  |
|  |  |  |  |  |  |  |
|  |  |  |  |  |  |  |
|  |  |  |  |  |  |  |
|  |  |  |  |  |  |  |

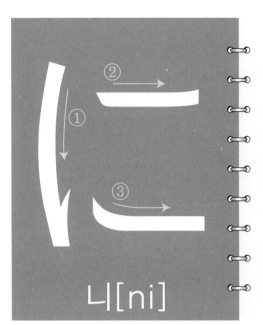

니[ni]

發音 : 우리말의 「니」에 가까운 발음으로
     영어 로마자 표기는 [ni]입니다.

● にじ 무지개(虹) ● にわ 정원(庭) ● にわとり 닭(鷄) ● にほん 일본(日本) ● にく 고기(肉)
● におい 냄새, 향기 ● にもつ 짐(荷物) ● にんぎょう 인형(人形)

| に | に | に | に | に | に | に |
|---|---|---|---|---|---|---|
|   |   |   |   |   |   |   |
|   |   |   |   |   |   |   |
|   |   |   |   |   |   |   |
|   |   |   |   |   |   |   |
|   |   |   |   |   |   |   |

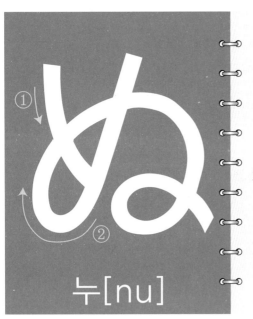

누[nu]

字 源 :
&lt;종 노(奴)&gt;자의
초서체가 변형된
것입니다.

發 音 : 우리말의 「누」와 「느」의 중간 정도
발음으로 대체로 「누」에 가까운 발
음이 납니다. 영어 로마자 표기는
[nu]입니다.

● ぬくもり 온기, 따스함(温気) ● ぬく 줄이다, 생략하다 ● ぬぐ 벗다 ● ぬれる 젖다

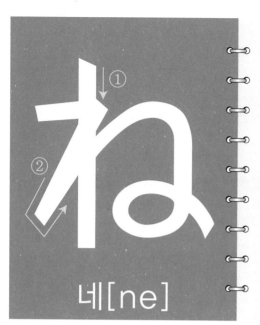

네[ne]

字源:
<일컬을 칭(称)>자의 초서체가 변형된 것입니다.

發音 : 우리말의 「네」에 가까운 발음으로 영어 로마자 표기는 [ne]입니다.

● ねずみ 쥐(鼠) ● ねつ 열(熱) ● ねこ 고양이(猫) ● ねだん 값(値段) ● ねる 잠자다, 눕다

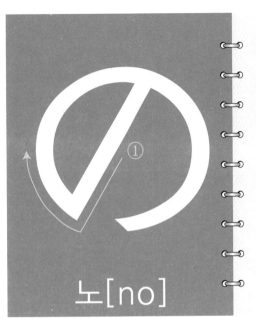

字源:
<이에 내(乃)>자의
초서체가 변형된
것입니다.

乃

發音 : 우리말의 「노」에 가까운 발음으로
영어 로마자 표기는 [no]입니다.

노[no]

● のき 처마(軒) ● のど 목구멍(喉) ● のりもの 탈것(乗) ● のうりょく 능력(能力)
● のぼる 올라가다 ● のる 올라타다 ● のむ 복용하다

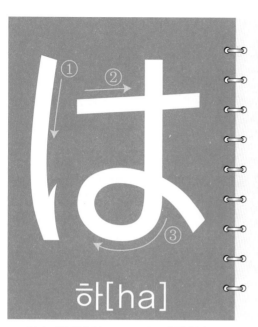

하[ha]

字源 : <물결 파(波)>자의 초서체가 변형된 것입니다.

發音 : 우리말의 「하」에 가까운 발음으로 너무 약하게 발음하지 않도록 주의해야 합니다. 영어 로마자 표기는 [ha]입니다.

• はれ 맑음(晴) • はしら 기둥(柱) • はんじ 판사(判事) • はり 바늘(針) • はさみ 가위(鋏)
• はる 봄(春) • はな 꽃(花) • はは 어머니(母) • はし 다리(橋) • はんたい 반대(反対)

| は | は | は | は | は | は | は |
|---|---|---|---|---|---|---|
|   |   |   |   |   |   |   |
|   |   |   |   |   |   |   |
|   |   |   |   |   |   |   |
|   |   |   |   |   |   |   |
|   |   |   |   |   |   |   |

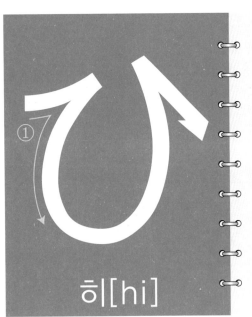

ひ

① 히[hi]

比

字源 :
<견줄 비(比)>자의
초서체가 변형된
것입니다.

發音 : 우리말의 「히」에 가까운 발음으로
영어 로마자 표기는 [hi] 입니다.

- ひょう 우박(雹) ● ひらいしん 피뢰침(避雷針) ● ひだり 왼쪽(左) ● ひとみ 눈동자(瞳)
- ひがさ 양산(日傘) ● ひょうけん 표현(表現) ● ひ 불(火) ● ひこうき 비행기(飛行機)

| ひ | ひ | ひ | ひ | ひ | ひ | ひ |
|---|---|---|---|---|---|---|
| | | | | | | |
| | | | | | | |
| | | | | | | |
| | | | | | | |
| | | | | | | |

후[hu]

字源 :
<아닐 불(不)>자의
초서체가 변형된
것입니다.

發 音 : 우리말의 「후」와 「흐」의 중간 정도
발음으로 대체로 「후」에 가까운 발
음이 납니다. 영어 로마자 표기는
[hu]입니다.

● ふぶき 눈보라(吹雪) ● ふたご 쌍둥이(二子) ● ふぼ 부모(父母) ● ふうふ 부부(夫婦)
● ふつう 보통(普通) ● ふね 배(船) ● ふゆ 겨울(冬) ● ふんいき 분위기(雰囲気)

| ふ | ふ | ふ | ふ | ふ | ふ | ふ |
|---|---|---|---|---|---|---|
|  |  |  |  |  |  |  |
|  |  |  |  |  |  |  |
|  |  |  |  |  |  |  |
|  |  |  |  |  |  |  |
|  |  |  |  |  |  |  |

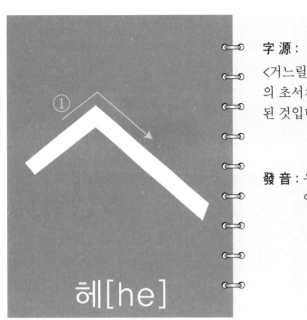

字源 :
<거느릴 부(部)>자
의 초서체가 변형
된 것입니다.

發音 : 우리말의 「헤」에 가까운 발음으로
      영어 로마자 표기는 [he]입니다.

헤[he]

● へび 뱀(蛇) ● へそ 배꼽(臍) ● へんじ 대답, 응답(返事) ● へんかん 반환(返還)
● へいわ 평화(平和) ● へた 서투름(下手) ● へや 방(部屋)

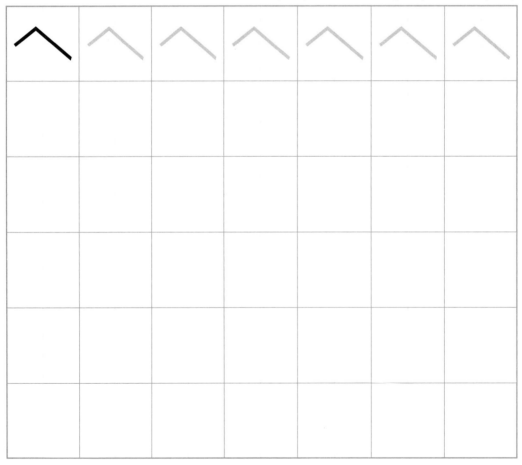

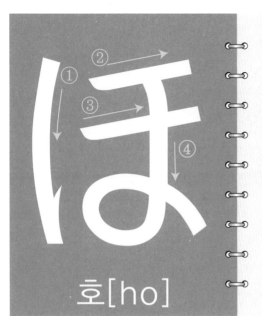

호[ho]

字源:
<보존할 보(保)>자
의 초서체가 변형
된 것입니다.

發音: 우리말의 「호」에 가까운 발음으로
영어 로마자 표기는 [ho]입니다.

- ほんだな 책꽂이(本棚) • ほどう 보도(歩道) • ほどうきょう 육교(歩道橋) • ほし 별(星)
- ほごしゃ 보호자(保護者) • ほね 뼈(骨) • ほうそう 방송(放送) • ほうもん 방문(訪問)

| ほ | ほ | ほ | ほ | ほ | ほ | ほ |
|---|---|---|---|---|---|---|
| | | | | | | |
| | | | | | | |
| | | | | | | |
| | | | | | | |
| | | | | | | |

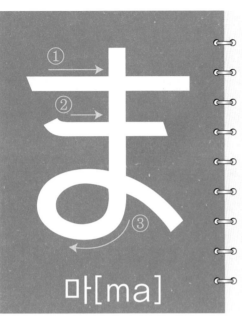

① ②
③

ま
마[ma]

字源:
<끝 말(末)>자의
초서체가 변형된
것입니다.

發音: 우리말의 「마」에 가까운 발음으로
영어 로마자 표기는 [ma]입니다.

- まど 창문(窓) ● まちあいしつ 대합실(待合室) ● まんじゅう 만두(饅頭) ● まご 손자(孫)
- まゆ 눈썹(眉) ● まほうびん 보온병(魔法瓶) ● まち 거리(町) ● まえ 앞(前)

| ま | ま | ま | ま | ま | ま | ま |
|---|---|---|---|---|---|---|
|   |   |   |   |   |   |   |
|   |   |   |   |   |   |   |
|   |   |   |   |   |   |   |
|   |   |   |   |   |   |   |
|   |   |   |   |   |   |   |

字源:

<아름다울 미(美)>
자의 초서체가 변
형된 것입니다.

發音 : 우리말의 「미」에 가까운 발음으로
영어 로마자 표기는 [mi]입니다.

미[mi]

● みつばち 꿀벌(蜜蜂) ● みどり 녹색(緑) ● みこん 미혼(未婚) ● みなみ 남쪽(南)
● みずうみ 호수(湖) ● みぎ 오른쪽(右) ● みせ 가게(店) ● みち 길(道) ● みみ 귀(耳)

| み | み | み | み | み | み | み |
|---|---|---|---|---|---|---|
|  |  |  |  |  |  |  |
|  |  |  |  |  |  |  |
|  |  |  |  |  |  |  |
|  |  |  |  |  |  |  |
|  |  |  |  |  |  |  |

む
무[mu]

字源 :
<호반 무(武)>자의
초서체가 변형된
것입니다.

發音 : 우리말의 「무」와 「므」의 중간 정도
발음으로 대체로 「무」에 가까운 발
음이 납니다. 영어 로마자 표기는
[mu]입니다.

●むぎ 보리(麦) ●むしめがね 확대경(虫眼鏡) ●むね 가슴(胸) ●むしば 충치(虫歯)
●むし 벌레(虫) ●むかし 옛날(昔) ●むすこ 아들(息子) ●むら 마을(村)

| む | む | む | む | む | む | む |
|---|---|---|---|---|---|---|
| | | | | | | |
| | | | | | | |
| | | | | | | |
| | | | | | | |
| | | | | | | |

메[me]

字源:
<계집 여(女)>자의
초서체가 변형된
것입니다.

發音 : 우리말의 「메」에 가까운 발음으로
영어 로마자 표기는 [me]입니다.

● め 눈(目) ● めんきょしょう 면허증(免許証) ● めん 면(麺) ● めがね 안경(眼鏡)
● めんせつ 면접(面接) ● めいし 명함(名刺) ● めいれい 명령(命令)

| め | め | め | め | め | め | め |
|---|---|---|---|---|---|---|
|  |  |  |  |  |  |  |
|  |  |  |  |  |  |  |
|  |  |  |  |  |  |  |
|  |  |  |  |  |  |  |
|  |  |  |  |  |  |  |

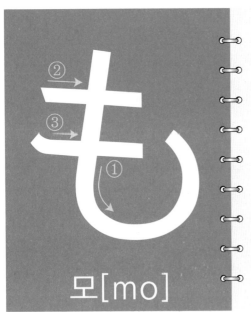

字源 :

〈털 모(毛)〉자의
초서체가 변형된
것입니다.

發音 : 우리말의 「모」에 가까운 발음으로
영어 로마자 표기는 [mo]입니다.

모[mo]

● もうふ 담요(毛布) ● もうじゅう 맹수(猛獸) ● もり 숲(森) ● もも 복숭아(桃)
● もくようび 목요일(木曜日) ● もんどう 문답(問答) ● もんだい 문제(問題) ● もの 물건(物)

| も | も | も | も | も | も | も |
|---|---|---|---|---|---|---|
| | | | | | | |
| | | | | | | |
| | | | | | | |
| | | | | | | |
| | | | | | | |

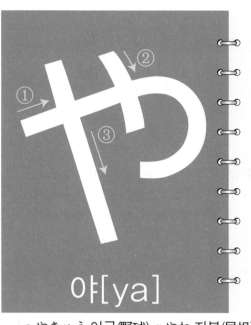

야[ya]

字源 :

<어조사 야(也)>자 의 초서체가 변형 된 것입니다.

發音 : 우리말의 「야」에 가까운 발음의 반 모음으로 발음할 때 입술이 너무 동 그렇게 되지 않도록 주의해야 합니 다. 영어 로마자 표기는 [ya]입니 다.

● やきゅう 야구(野球) ● やね 지붕(屋根) ● やぬし 집주인(家主) ● やくそく 약속(約束)
● やくみ 양념(薬味) ● やく 번역(訳) ● やさい 야채(野菜) ● やいと 뜸 ● やかん 야간(夜間)

| や | や | や | や | や | や | や |
|---|---|---|---|---|---|---|
| | | | | | | |
| | | | | | | |
| | | | | | | |
| | | | | | | |
| | | | | | | |

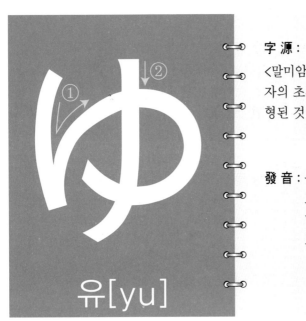

유[yu]

字源:

<말미암을 유(由)> 자의 초서체가 변형된 것입니다.

發音: 우리말의 「유」에 가까운 발음의 반모음으로 발음할 때 입술을 앞으로 내밀지 않아야 합니다. 영어 로마자 표기는 [yu]입니다.

● ゆき 눈(雪) ● ゆか 마루(床) ● ゆうらんせん 유람선(遊覧船) ● ゆうはん 저녁식사(夕飯)
● ゆびわ 반지(指輪) ● ゆうびんきょく 우체국(郵便局) ● ゆうがく 유학(遊学)

| ゆ | ゆ | ゆ | ゆ | ゆ | ゆ | ゆ |
|---|---|---|---|---|---|---|
| | | | | | | |
| | | | | | | |
| | | | | | | |
| | | | | | | |
| | | | | | | |

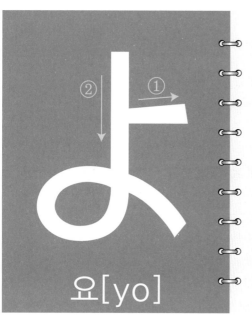

요[yo]

字源 :
<더불 여(与)>자의
초서체가 변형된
것입니다.

發音 : 우리말의 「요」에 가까운 발음의 반
모음으로 발음할 때 「ゆ」와 마찬가
지로 입술을 앞으로 내밀지 않아야
합니다. 영어 로마자 표기는 [yo]입
니다.

● よくそう 욕조(浴槽) ● ようふく 양복(洋服) ● ようじ 유아(幼児) ● よめ 며느리(嫁)
● ようじ 용건, 볼일(用事) ● よやく 예약(予約) ● よる 밤(夜) ● よい 초저녁(宵)

| よ | よ | よ | よ | よ | よ | よ |
|---|---|---|---|---|---|---|
|  |  |  |  |  |  |  |
|  |  |  |  |  |  |  |
|  |  |  |  |  |  |  |
|  |  |  |  |  |  |  |
|  |  |  |  |  |  |  |

「ら」음이 첫머리라고 해서 「ㄴ」으로 발음하지 않도록 주의해야 합니다.

라[ra]

字源:
<어질 양(良)>자의
초서체가 변형된
것입니다.

發音: 우리말의 「라」에 가까운 발음으로
영어 로마자 표기는 [ra]입니다.

- らん 난(蘭) • らっかせい 땅콩(落花生) • らいねん 내년(来年) • らい 우뢰(雷)
  • らくよう 낙엽(落葉) • らくえん 낙원(楽園)

| ら | ら | ら | ら | ら | ら | ら |
|---|---|---|---|---|---|---|
|   |   |   |   |   |   |   |
|   |   |   |   |   |   |   |
|   |   |   |   |   |   |   |
|   |   |   |   |   |   |   |
|   |   |   |   |   |   |   |

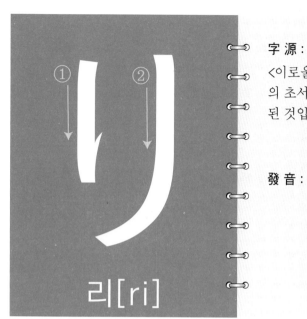

리[ri]

字源:

<이로울 이(利)>자
의 초서체가 변형
된 것입니다.

發音 : 우리말의 「리」에 가까운 발음으로
영어 로마자 표기는 [ri]입니다.

- りょうし 어부(漁師) • りょうし 사냥꾼(猟師) • りよう 이용(利用) • りょかん 여관(旅館)
- りょこう 여행(旅行) • りょうり 요리(料理) • りょうしん 부모님(両親)

| り | り | リ | リ | リ | り | り |
|---|---|---|---|---|---|---|
|  |  |  |  |  |  |  |
|  |  |  |  |  |  |  |
|  |  |  |  |  |  |  |
|  |  |  |  |  |  |  |
|  |  |  |  |  |  |  |

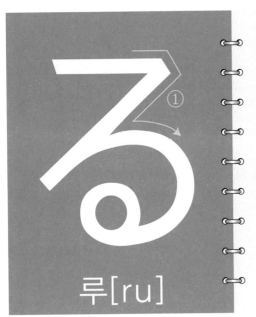

루[ru]

字源 :
<머무를 유(留)>자
의 초서체가 변형
된 것입니다.

發音 : 우리말의 「루」와 「르」의 중간 정도
　　　발음으로 대체로 「루」에 가까운 발
　　　음이 납니다. 영어 로마자 표기는
　　　[ru]입니다.

● るす 부재중(不在) ● るいじつ 여러 날(累日) ● るいれい 유례(類例)

| る | る | る | る | る | る | る |
|---|---|---|---|---|---|---|
| | | | | | | |
| | | | | | | |
| | | | | | | |
| | | | | | | |
| | | | | | | |

레[re]

字源 :
<예 예(礼)>자의
초서체가 변형된
것입니다.

發音 : 우리말의 「레」에 가까운 발음으로
영어 로마자 표기는 [re]입니다.

- れっしゃ 열차(列車) • れんらく 연락(連絡) • れきし 역사(歴史) • れんしゅう 연습(練習)
- れっきょ 열거(列挙) • れいぞうこ 냉장고(冷蔵庫)

れ れ れ れ れ れ れ

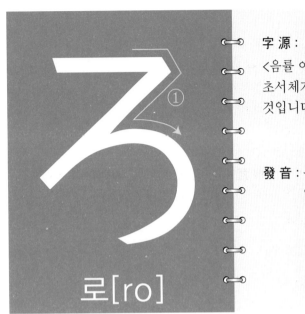

字源:
<음률 여(呂)>자의
초서체가 변형된
것입니다.

發音 : 우리말의 「로」에 가까운 발음으로
영어 로마자 표기는 [ro]입니다.

로[ro]

● ろうか 복도(廊下) ● ろじ 골목길(路地) ● ろくじ 여섯시(六時) ● ろんぶん 논문(論文)
● ろうじん 노인(老人) ● ろくおん 녹음(録音) ● ろうどう 노동(労動)

와[wa]

字源:

<화할 화(和)>자의 초서체가 변형된 것입니다.

和

發音 : 우리말 「와」에 가까운 발음의 반모음으로 영어 로마자 표기는 [wa]입니다.

● わたし 나, 저(私) ● わおん 화음(和音) ● わかもの 젊은이(若者) ● わけ 의미, 뜻(訳)
● わらう 웃다, 우습다 ● わすれる 잊다 ● わるい 나쁘다 ● わかい 젊다, 어리다

| わ | わ | わ | わ | わ | わ | わ |
|---|---|---|---|---|---|---|
| | | | | | | |
| | | | | | | |
| | | | | | | |
| | | | | | | |
| | | | | | | |

①
②
③

오[wo]

字源:
<옷길 원(袁)>자의
초서체가 변형된
것입니다.

發音: 우리말의「오」에 가까운 발음으로
「お」와 발음이 같지만 우리말의「을
(를)」에 해당하는 조사로만 쓰입니
다. 영어 로마자 표기는 [wo]입니
다.

● ~を 을(를) ● としをとる 나이를 먹다 ● き(気)をつける 조심하다, 정신차리다

を を を を を を を

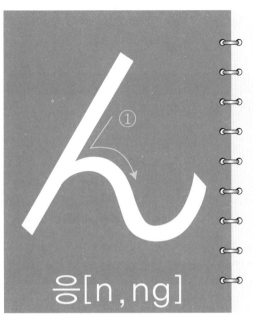

응[n,ng]

字源 :
<없을 무(无)>자의
초서체가 변형된
것입니다.

發音 : 「ん」은 받침으로 쓰이는 글자입니다.
따라서 단어의 첫머리에 올 수 없으
며 다음에 오는 글자가 어떤 글자이
냐에 따라 우리말의 「ㅁ·ㄴ·ㅇ·
N字」음으로 발음됩니다. 통상적으로
는 「응」으로 읽습니다. 영어 로마자
표기는 [n, ng]입니다.

● てんき 날씨(天気) ● ぐんじん 군인(軍人) ● てんいん 점원(店員) ● でんしゃ 전철(電車)

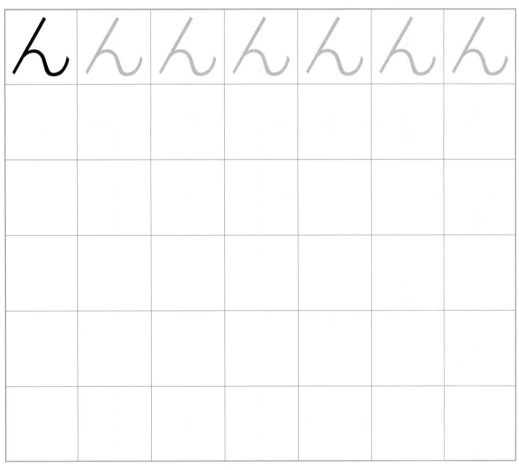

# はつおん(하쯔옹)

▶ 「ん」을 우리말 「ㅇ」으로 발음하는 경우 (여린 입천장 소리)

「ん」다음에 「か・が」行의 글자가 오면 「ㅇ」으로 발음합니다.

にんぎょう 인형(人形) / けんこう 건상(健康) / さんぎょう 산업(産業)

へんか 변화(変化) / にんげん 인간(人間) / ぶんか 문화(文化)

かんけい 관계(関係)

▶ 「ん」을 우리말 「ㄴ」으로 발음하는 경우 (입천장 소리)

「ん」다음에 「さ・ざ・た・だ・な・ら」行의 글자가 오면 「ㄴ」으로 발음합니다.

あんない 안내(案内) / あんぜん 안전(安全) / えんりょ 사양(遠慮) / うんてん 운전(運転)

かんじ 한자(漢字) / けんせつ 건설(建設) / こんど 이번(今度) / おんな 여자(女)

せんせい 선생(先生) / はんたい 반대(反対) / べんり 편리(便利) / もんだい 문제(問題)

▶ 「ん」을 우리말 「ㅁ」으로 발음하는 경우 (입술 소리)

「ん」자 다음에 「ま・ば・ぱ」行의 글자가 오면 「ㅁ」으로 발음합니다.

しんぶん 신문(新聞) / しんぱい 걱정(心配) / さんぽ 산책(散歩)

がんめん 안면(顔面) / ほんもの 진짜(本物) / えんぴつ 연필(鉛筆)

じゅんび 준비(準備) / こんばん 오늘밤(今晩)

▶ 「N字」 발음은 우리말 「ㅇ」과 「ㄴ」의 중간음으로 발음 (비음화된 중설모음)

「ん」다음에 모음, 반모음인 「あ・や・わ」行과 「は」行이 올 경우와 「ん」이 단어의 맨 끝에 올 경우에는 「ㅇ」과 「ㄴ」의 중간음 정도인 비음(콧소리)으로 발음합니다.

でんわ 전화(電話) / ほんや 책방(本屋) / きんようび 금요일(金曜日)

せんやく 선약(先約) / こんや 오늘밤(今夜) / いけん 의견(意見) / えん 엔(円)

けいけん 경험(経験) / けいさん 계산(計算) / じかん 시간(時間) / ごぜん 오전(午前)

けっこん 결혼(結婚) / こうえん 공원(公園) / しぜん 자연(自然) / しつもん 질문(質問)

# 2 가타카나
익히기

청음(淸音)
발음(撥音)

カタカナ

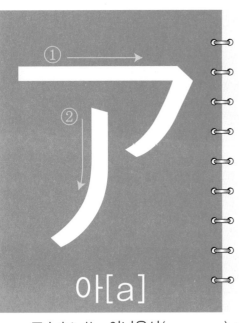

① →
②

ア

아[a]

字源:
<언덕 아(阿)>자의
왼쪽 부분을 따서
만든 글자입니다.

阿

發音 : 우리말의 「아」에 가까운 발음으로
영어 로마자 표기는 [a]입니다.
발음할 때는 입을 크게 벌리고 목구
멍 안쪽에서부터 숨을 내뱉듯 소리
를 냅니다.

● アナウンサー 아나운서(announcer) ● アフター 애프터(after) ● アルバム 앨범(album)
● アイス 아이스(ice) ● アルバイト 아르바이트(arbeit) ● アクセント 액센트(accent)

| ア | ア | ア | ア | ア | ア | ア |
|---|---|---|---|---|---|---|
|  |  |  |  |  |  |  |
|  |  |  |  |  |  |  |
|  |  |  |  |  |  |  |
|  |  |  |  |  |  |  |
|  |  |  |  |  |  |  |

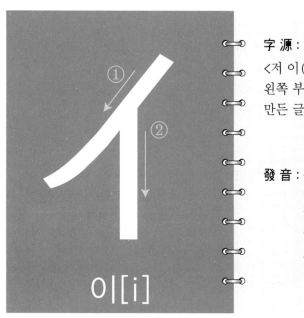

字源:

〈저 이(伊)〉자의
왼쪽 부분을 따서
만든 글자입니다.

發音 : 우리말의 「이」에 가까운 발음으로
영어 로마자 표기는 [i]입니다.
발음할 때는 우리말의 「이」보다 좀
더 입술 양끝을 옆으로 벌려서 소리
를 냅니다.

이[i]

● イエス 예스(yes) ● イミテ−ション 이미테이션(imitation) ● イベント 이벤트(event)
● インタビュー 인터뷰(intervew) ● イギリス 잉글랜드(England) ● イメジ 이미지(image)

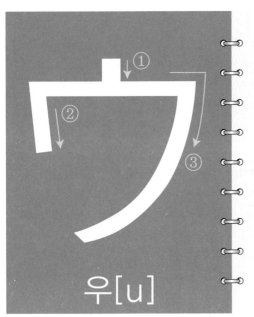

우[u]

字源:
<집 우(宇)>자의
머리 부분을 따서
만든 글자입니다.

發音: 우리말의 「우」와 「으」의 중간 정도 발
음으로 대체로 「우」에 더욱 가까우며
영어 로마자 표기는 [u]입니다.
발음할 때는 우리말의 「으」를 발음하
는 입 모양에서 입술에 힘을 빼고
「우」를 발음합니다. 입술이 너무 앞으
로 튀어나오지 않도록 해야 합니다.

● ウオーター 워터(water) ● ワールド 월드(world) ● ウエディング 웨딩(wedding)
● ウインター 윈터(winter) ● ウインク 윙크(wink) ● ウイスキー 위스키(whisky)

| ウ | ウ | ウ | ウ | ウ | ウ | ウ |
|---|---|---|---|---|---|---|
|   |   |   |   |   |   |   |
|   |   |   |   |   |   |   |
|   |   |   |   |   |   |   |
|   |   |   |   |   |   |   |
|   |   |   |   |   |   |   |

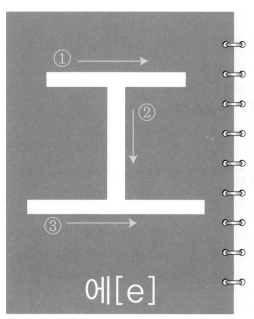

에[e]

字 源:
<물이름 강(江)>자
의 오른쪽 부분을
따서 만든 글자입
니다.

發 音: 우리말의 「에」와 「애」의 중간 정도
발음으로 대체로 「에」에 더욱 가까
우며 영어 로마자 표기는 [e]입니
다.
발음할 때는 입을 반쯤 벌리고 약간
강하고 짧게 소리를 냅니다.

- エッセイ 에세이(essay) ● エスカレーター 에스컬레이터(escalator) ● エラー 에러(error)
- エチケット 에티켓(etiquette) ● エアポート 에어포트(airport) ● エロチック 에로틱(erotic)

| エ | エ | エ | エ | エ | エ | エ |
|---|---|---|---|---|---|---|
| | | | | | | |
| | | | | | | |
| | | | | | | |
| | | | | | | |
| | | | | | | |

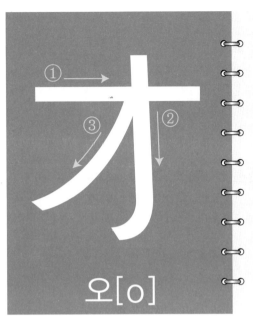

オ

① ② ③

オ[o]

字源 :
<어조사 어(於)>자
의 왼쪽 부분을 따
서 만든 글자입니
다.

發音 : 우리말의 「오」에 가까운 발음으로
영어 로마자 표기는 [o]입니다.
발음할 때는 우리말의 「오」보다 약
간 입을 넓게 벌리고 입술을 앞으로
내미는 듯하면서 짧게 소리를 냅니
다.

● オーディオ 오디오(audio) ● オアシス 오아시스(oasis) ● オリジナル 오리지널(original)
● オペラ 오페라(opera) ● ラジオ 라디오(radio) ● オープン 오픈(open) ● オイル 오일(oil)

| オ | オ | オ | オ | オ | オ | オ |
|---|---|---|---|---|---|---|
| | | | | | | |
| | | | | | | |
| | | | | | | |
| | | | | | | |
| | | | | | | |

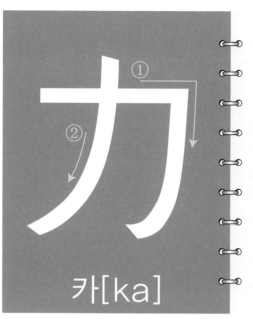

カ

① ②

카[ka]

加

**字源:**
<더할 가(加)>자의
왼쪽 부분을 따서
만든 글자입니다.

**發音:** 우리말의 「카」와 「가」의 중간 정도
발음으로 단어의 중간이나 끝에 올
때, 의문조사로 쓰일 때는 「까」에 가
까운 발음이 납니다. 영어 로마자 표
기는 [ka]입니다.

● カード 카드(card) ● カレッジ 칼리지(college) ● カレンダー 캘린더(calender)
● カメラ 카메라(camera) ● スカーフ 스카프(scarf) ● カット 컷(cut) ● カー 차(car)

| カ | カ | カ | カ | カ | カ | カ |
|---|---|---|---|---|---|---|
|  |  |  |  |  |  |  |
|  |  |  |  |  |  |  |
|  |  |  |  |  |  |  |
|  |  |  |  |  |  |  |
|  |  |  |  |  |  |  |

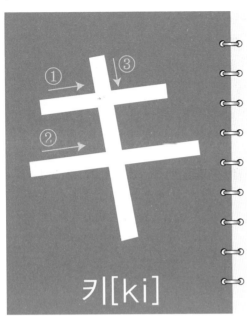

キ[ki]

字源:
<몇 기(幾)>자의 가운데 부분을 따서 만든 글자입니다.

發音: 우리말의 「키」와 「기」의 중간 정도 발음으로 단어의 중간이나 끝에 올 때는 「끼」에 가까운 발음이 납니다. 영어 로마자 표기는 [ki] 입니다.

● キッチン 키친(kitchen) ● キックボクシング 킥 복싱(kick boxing) ● キー 열쇠(key)
● キロ kg(kilogram) ● ケーキ 케이크(cake)

| キ | キ | キ | キ | キ | キ | キ |
|---|---|---|---|---|---|---|
| | | | | | | |
| | | | | | | |
| | | | | | | |
| | | | | | | |
| | | | | | | |

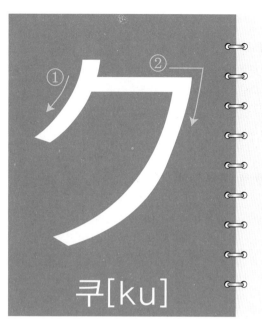

쿠[ku]

字源:

<오랠 구(久)>자의
왼쪽 부분을 따서
만든 글자입니다.

發音 : 우리말의 「쿠」와 「구」의 중간 정도
　　　발음으로 단어의 중간이나 끝에 올
　　　때는 「꾸」에 가까운 발음이 납니다.
　　　영어 로마자 표기는 [ku] 입니다.

● クッキ−쿠키(cookie) ● クイズ 퀴즈(quiz) ● クイーン 퀸(queen) ● クラブ 클럽(club)
● クリーム 크림(cream) ● クラス 학급(class) ● クール 쿨(cool) ● パンク 펑크(punk)

| ク | ク | ク | ク | ク | ク | ク |
|---|---|---|---|---|---|---|
|  |  |  |  |  |  |  |
|  |  |  |  |  |  |  |
|  |  |  |  |  |  |  |
|  |  |  |  |  |  |  |
|  |  |  |  |  |  |  |

**69**

케[ke]

字源:
<끼일 개(介)>자의
왼쪽 아래의 한 획
을 없애고 만든 글
자입니다.

發音: 우리말의 「케」와 「게」의 중간 정도
발음으로 단어의 중간이나 끝에 올
때는 「게」에 가까운 발음이 납니다.
영어 로마자 표기는 [ke]입니다.

● ケーブル 케이블(cable) ● スケート 스케이트(skate) ● ケーキ 케이크(cake)
● ケース 케이스(case) ● カラオケ 가라오케

| ケ | ケ | ケ | ケ | ケ | ケ | ケ |
|---|---|---|---|---|---|---|
|   |   |   |   |   |   |   |
|   |   |   |   |   |   |   |
|   |   |   |   |   |   |   |
|   |   |   |   |   |   |   |
|   |   |   |   |   |   |   |

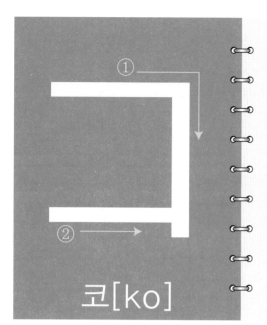

코[ko]

字源 :
〈몸 기 (己)〉자의
왼쪽 부분을 따서
만든 글자입니다.

己

發音 : 우리말의 「코」와 「고」의 중간 정도
발음으로 단어의 중간이나 끝에 올
때는 「꼬」에 가까운 발음이 납니다.
영어 로마자 표기는 [ko] 입니다.

- コピー 카피(copy) ● コラム 칼럼(column) ● コンピューター 컴퓨터(computer)
- コミュニケーション 커뮤니케이션(communication) ● コーヒー 커피(coffee)

| コ | コ | コ | コ | コ | コ | コ |
|---|---|---|---|---|---|---|
| | | | | | | |
| | | | | | | |
| | | | | | | |
| | | | | | | |
| | | | | | | |

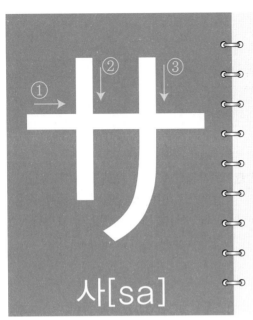

① → ② ↓ ③ ↓

サ

사[sa]

字源:
<헤어질 산(散)>자
의 왼쪽 머리 부분
을 따서 만든 글자
입니다.

發音: 우리말의 「사」에 가까운 발음으로
영어 로마자 표기는 [sa]입니다.

● サイズ 사이즈(size) ● サンドウィッチ 샌드위치(sandwich) ● サンプル 샘플(sample)
● サッカー 사커(soccer) ● サイン 사인(sign) ● サービス 서비스(service)

| サ | サ | サ | サ | サ | サ | サ |
|---|---|---|---|---|---|---|
|   |   |   |   |   |   |   |
|   |   |   |   |   |   |   |
|   |   |   |   |   |   |   |
|   |   |   |   |   |   |   |
|   |   |   |   |   |   |   |

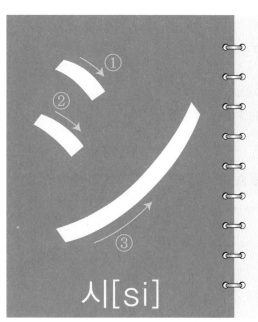

시[si]

字源:

<갈 지(之)>자의 3
획을 변형해서 만
든 글자입니다.

發音: 우리말의 「시」에 가까운 발음으로
영어 로마자 표기는 [si]입니다.

- シナリオ 시나리오(scenario) ● シリーズ 시리즈(series) ● システム 시스템(system)
- シーズン 시즌(season) ● シネマ 시네마(cinema) ● シート 시트(seat)

| シ | シ | シ | シ | シ | シ | シ |
|---|---|---|---|---|---|---|
|  |  |  |  |  |  |  |
|  |  |  |  |  |  |  |
|  |  |  |  |  |  |  |
|  |  |  |  |  |  |  |
|  |  |  |  |  |  |  |

① ②

스[su]

字源:

<수염 수(須)>자의 오른쪽 일부분을 따서 만든 글자입니다.

須

發音: 우리말의 「스」와 「수」의 중간 정도 발음으로 대체로 「스」에 가까운 발음이 납니다. 영어 로마자 표기는 [su]입니다.

● スープ 수프(soup) ● スーパーマーケット 슈퍼마켓(supermarket) ● スナック 스낵(snack)
● スケジュール 스케쥴(schedule) ● スポーツ 스포츠(sports) ● スキー 스키(ski)

| ス | ス | ス | ス | ス | ス | ス |
|---|---|---|---|---|---|---|
| | | | | | | |
| | | | | | | |
| | | | | | | |
| | | | | | | |
| | | | | | | |

字源:

<인간 세(世)>자의 왼쪽 일부분을 따서 만든 글자입니다.

發音: 우리말의 「세」에 가까운 발음으로 영어 로마자 표기는 [se]입니다.

세[se]

- 센터 센터(center) ● 셀프 셀프(self) ● 세컨드 세컨드(second)
- 센치 cm(centimeter) ● 세일 세일(sale) ● 섹시 섹시(sexy)

| セ | セ | セ | セ | セ | セ | セ |
|---|---|---|---|---|---|---|
| | | | | | | |
| | | | | | | |
| | | | | | | |
| | | | | | | |
| | | | | | | |

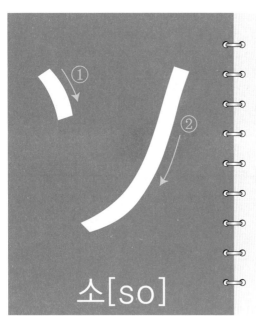

소[so]

字源:
<일찍 증(曽)>자의
머리 부분을 따서
만든 글자입니다.

發音: 우리말의 「소」에 가까운 발음으로
영어 로마자 표기는 [so]입니다.

- ソファー 소파(sofa) ● ソフトウエア 소프트웨어(software) ● ソウル 서울(Seoul)
- ソロ 솔로(solo) ● ソース 소스(sauce)

| ソ | ソ | ソ | ソ | ソ | ソ | ソ |
|---|---|---|---|---|---|---|
|  |  |  |  |  |  |  |
|  |  |  |  |  |  |  |
|  |  |  |  |  |  |  |
|  |  |  |  |  |  |  |
|  |  |  |  |  |  |  |

타[ta]

字源 :
<많을 다(多)>자의
머리 부분을 따서
만든 글자입니다.

發音 : 우리말 「타」와 「다」의 중간 정도 발음으로 대체로 「타」에 가까우며 단어의 중간이나 끝에 올 때는 「따」에 가까운 발음이 납니다. 영어 로마자 표기는 [ta]입니다.

「た」행의 「チ, ツ」음은 우리말에 없는 발음이므로 특히 발음에 신경써야 합니다.

● タイア 타이어(tire) ● ターミナル 터미널(terminal) ● タキシード 턱시도(tuxedo)
● タオル 타월(towel) ● タクシー 택시(taxi) ● タレント 탤런트(talent) ● タイム 시간(time)

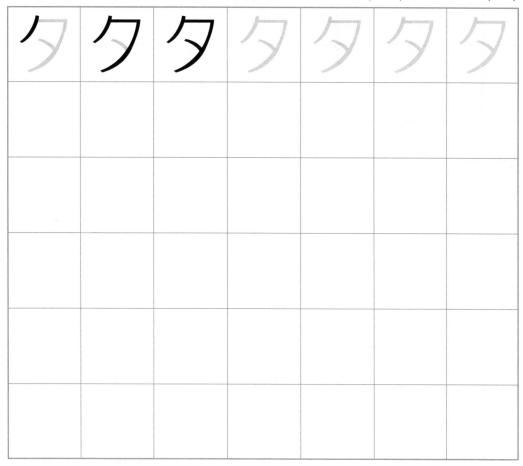

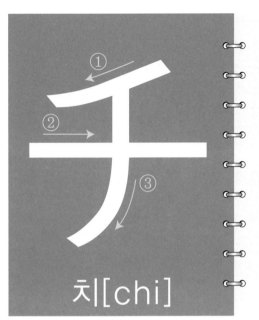

치[chi]

字源:
<일천 천(千)>자를
본떠서 만든 글자
입니다.

千

發音: 우리말 「치」에 가까우며 발음할 때 시작음을 약하게 발음합니다. 단어의 중간이나 끝에 올 때는 「찌」에 가까운 발음이 납니다. 영어 로마자 표기는 [chi]입니다.

● チーズ 치즈(cheese) ● チキン 치킨(chicken) ● チケット 티켓(ticket) ● チップ 팁(tip)
● チョコレート 초콜릿(chocolate) ● チェック 확인(check) ● チーム 팀(team)

チ チ チ チ チ チ チ

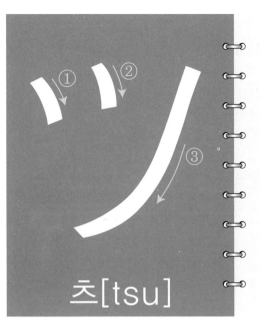

ツ ①② ③
츠[tsu]

字源:
<내 천(川)>자를
변형해서 만든 글
자입니다.

發音 : 우리말 「쯔, 쓰, 츠」의 복합적인 발
음으로 「쓰」의 입 모양에서 「쯔」를
발음하면 가장 비슷하다고 봅니다.
단어의 중간이나 끝에 올 때는 「쯔」
에 가까운 발음이 납니다. 영어 로마
자 표기는 [tsu]입니다.

● ツーピース 투피스(two-piece) ● シャツ 셔츠(shirt) ● ツイン 트윈(twin)
● ツアー 투어(tour) ● ツルツル 반들반들한 모양

| ツ | ツ | ツ | ツ | ツ | ツ | ツ |
|---|---|---|---|---|---|---|
|  |  |  |  |  |  |  |
|  |  |  |  |  |  |  |
|  |  |  |  |  |  |  |
|  |  |  |  |  |  |  |
|  |  |  |  |  |  |  |

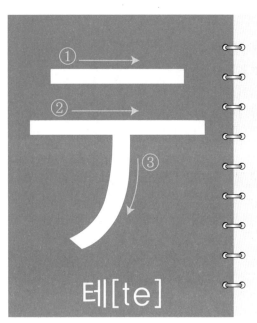

① →
② →
③

테[te]

字源:
<하늘 천(天)>자의
왼쪽 일부분을 따
서 만든 글자입니
다.

發音 : 우리말 「테」와 「데」의 중간 정도 발
음으로 대체로 「테」에 가까우며 단
어의 중간이나 끝에 올 때는 「떼」에
가까운 발음이 납니다. 영어 로마자
표기는 [te]입니다.

● テーマ 테마(thema) ● テクニック 테크닉(technique) ● テレフォン 텔레폰(telephone)
● テニス 테니스(tennis) ● テーブル 테이블(table) ● テレビ 텔레비젼(TV)

| テ | テ | テ | テ | テ | テ | テ |
|---|---|---|---|---|---|---|
|   |   |   |   |   |   |   |
|   |   |   |   |   |   |   |
|   |   |   |   |   |   |   |
|   |   |   |   |   |   |   |
|   |   |   |   |   |   |   |

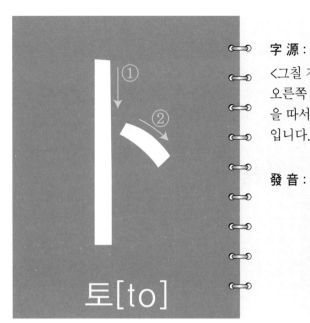

**字源:**

<그칠 지(止)>자의 오른쪽 머리 부분을 따서 만든 글자입니다.

**發音:** 우리말 「토」와 「도」의 중간 정도 발음으로 대체로 「토」에 가까우며 단어의 중간이나 끝에 올 때는 「또」에 가까운 발음이 납니다. 영어 로마자 표기는 [to]입니다.

토[to]

● トイレ 토이렛(toilet) ● トラブル 트러블(trouble) ● トランク 트렁크(trunk)
● トラック 트럭(truck) ● トータル 토털(total) ● トースト 토스트(toast)

| ト | ト | ト | ト | ト | ト | ト |
|---|---|---|---|---|---|---|
| | | | | | | |
| | | | | | | |
| | | | | | | |
| | | | | | | |
| | | | | | | |

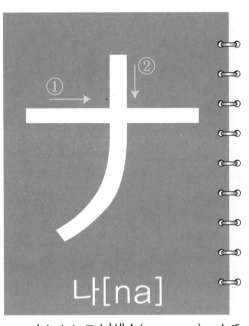

① ②

ナ

나[na]

奈

字源:
<어찌 나(奈)>자의
머리 왼쪽 부분을
따서 만든 글자입
니다.

發音: 우리말의 「나」에 가까운 발음으로
영어 로마자 표기는 [na]입니다.

● ナンセンス 넌센스(nonsense) ● ナチュラル 내츄럴(natural) ● ナンバー 넘버(number)
● ナース 간호사(nurse) ● ナイフ 나이프(knife) ● ナイト 나이트(night)

| ナ | ナ | ナ | ナ | ナ | ナ | ナ |
|---|---|---|---|---|---|---|
| | | | | | | |
| | | | | | | |
| | | | | | | |
| | | | | | | |
| | | | | | | |

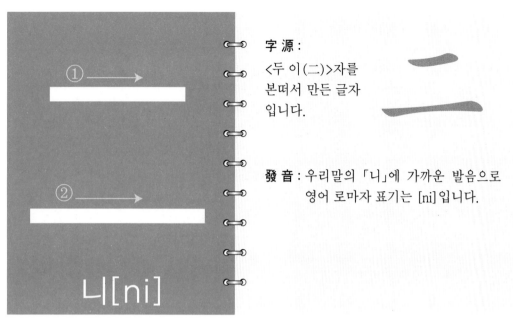

字源:

<두 이(二)>자를
본떠서 만든 글자
입니다.

發音 : 우리말의 「니」에 가까운 발음으로
       영어 로마자 표기는 [ni]입니다.

니[ni]

● ニット 니트(knit) ● マニキュア 매니큐어(manicure) ● ニュース 뉴스(news)
● ニコチン 니코틴(nicotine) ● ニュアンス 뉘앙스(nuance)

ヌ
① ②
누[nu]

字源:

<종 노(奴)>자의 오른쪽 부분을 따서 만든 글자입니다.

發音: 우리말의 「누」와 「느」의 중간 정도 발음으로 대체로 「누」에 가까운 발음이 납니다. 영어 로마자 표기는 [nu]입니다.

● ヌード 누드(nude) ● カヌー 카누(kanu) ● ヤヌス 야누스(yanusu)

| ヌ | ヌ | ヌ | ヌ | ヌ | ヌ | ヌ |
|---|---|---|---|---|---|---|
|  |  |  |  |  |  |  |
|  |  |  |  |  |  |  |
|  |  |  |  |  |  |  |
|  |  |  |  |  |  |  |
|  |  |  |  |  |  |  |

ネ

네[ne]

字源:
&lt;일컬을 칭(称)&gt;자
의 왼쪽 부분을 따
서 만든 글자입니
다.

称

發音: 우리말의 「네」에 가까운 발음으로
영어 로마자 표기는 [ne]입니다.

●ネクタイ 넥타이(necktie) ●ネーム 네임(name) ●マネージャー 매니저(manager)
●ビジネス 비지니스(business) ●ネット 네트(net)

| ネ | ネ | ネ | ネ | ネ | ネ | ネ |
|---|---|---|---|---|---|---|
| | | | | | | |
| | | | | | | |
| | | | | | | |
| | | | | | | |
| | | | | | | |

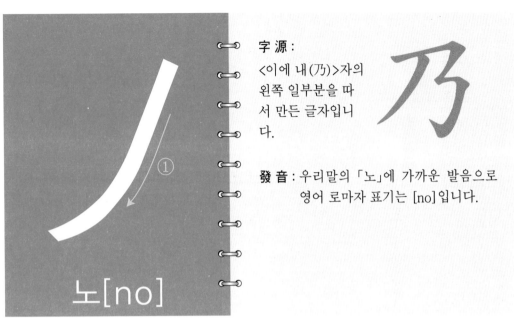

ノ

노[no]

字源:
<이에 내(乃)>자의 왼쪽 일부분을 따서 만든 글자입니다.

發音: 우리말의 「노」에 가까운 발음으로 영어 로마자 표기는 [no]입니다.

乃

● ノート 노트(note) ● ノイズ 소음(noise) ● エコノミー 이코노미(economy)
● ノー 노(no) ● エコノミ ピアノ 피아노(piano)

| ノ | ノ | ノ | ノ | ノ | ノ | ノ |
|---|---|---|---|---|---|---|
|   |   |   |   |   |   |   |
|   |   |   |   |   |   |   |
|   |   |   |   |   |   |   |
|   |   |   |   |   |   |   |
|   |   |   |   |   |   |   |

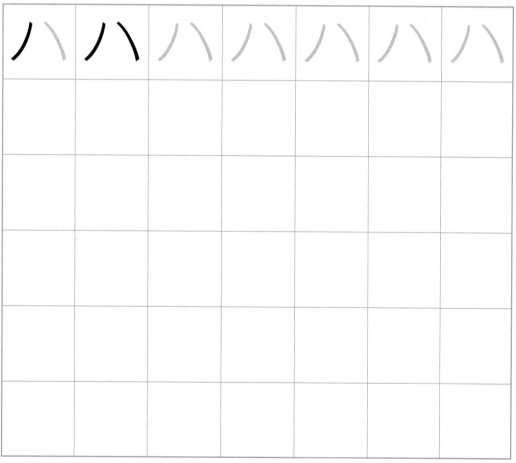

字源 : <여덟 팔(八)>자를
본떠서 만든 글자
입니다.

發音 : 우리말의 「하」에 가까운 발음으로
너무 약하게 발음하지 않도록 주의
해야 합니다. 영어 로마자 표기는
[ha] 입니다.

하[ha]



vertical-text
청음(清音) ハ行
end-vertical

● ハードウエア- 하드웨어(hardware) ● ハーモニー 하모니(harmony) ● ハート 하트(heart)
● ハネムーン 허니문(honeymoon) ● ハウス 하우스(house)

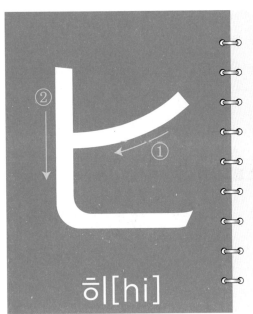

ヒ

히[hi]

字源 :
<견줄 비(比)>자의
오른쪽 부분을 따
서 만든 글자입니
다.

比

發音 : 우리말의 「히」에 가까운 발음으로
　　　영어 로마자 표기는 [hi]입니다.

● ヒット 히트(hit) ● ヒール 힐(heel) ● ヒント 힌트(hint)
● ヒーター 히터(hearter) ● ヒーロー 영웅(hero)

| ヒ | ヒ | ヒ | ヒ | ヒ | ヒ | ヒ |
|---|---|---|---|---|---|---|
| | | | | | | |
| | | | | | | |
| | | | | | | |
| | | | | | | |
| | | | | | | |

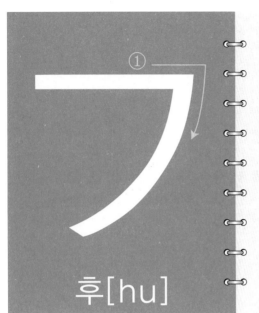

후[hu]

字源 :
<아닐 불(不)>자의 머리 일부분을 따서 만든 글자입니다.

發音 : 우리말의 「후」와 「흐」의 중간 정도 발음으로 대체로 「후」에 가까운 발음이 납니다. 영어 로마자 표기는 [hu]입니다.

● フランス 프랑스(France) ● フロント 프론트(front) ● フライパン 후라이팬(fry pan)
● フリー 프리(free) ● フロア 마루(floor) ● フード 푸드(food)

| フ | フ | フ | フ | フ | フ | フ | フ |
|---|---|---|---|---|---|---|---|
| | | | | | | | |
| | | | | | | | |
| | | | | | | | |
| | | | | | | | |
| | | | | | | | |

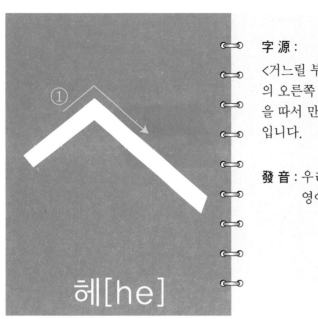

① 

헤[he]

 部

字源:
<거느릴 부(部)>자
의 오른쪽 일부분
을 따서 만든 글자
입니다.

發音: 우리말의 「헤」에 가까운 발음으로
영어 로마자 표기는 [he]입니다.

● ヘディング 헤딩(heading) ● ヘリコプター 헬리콥터(helicopter) ● ヘア 헤어(hair)
● ヘッド 헤드(head) ● ヘルメット 헬멧(helmet)

호[ho]

字源 :

<보존할 보(保)>자
의 오른쪽 아래 부
분을 따서 만든 글
자입니다.

發音 : 우리말의 「호」에 가까운 발음으로
영어 로마자 표기는 [ho] 입니다.

● ホルモン 호르몬(hormon) ● ホープ 호프(hope) ● ホワイト 화이트(white)
● ホームラン 홈런 (homerun) ● ホテル 호텔(hotel) ● ホール 홀(hall) ● ホーム 홈(home)

| ホ | ホ | ホ | ホ | ホ | ホ | ホ |
|---|---|---|---|---|---|---|
| | | | | | | |
| | | | | | | |
| | | | | | | |
| | | | | | | |
| | | | | | | |

マ

① ②

마[ma]

字源:
<일만 만(万)>자를
본떠서 만든 글자
입니다.

發音: 우리말의 「마」에 가까운 발음으로
영어 로마자 표기는 [ma]입니다.

• マラソン 마라톤(marathon) • マダム 마담(madam) • マイナス 마이너스(minus)
• マーク 마크(mark) • マーケット 마켓(market) • マスク 마스크(mask)

| マ | マ | マ | マ | マ | マ | マ |
|---|---|---|---|---|---|---|
| | | | | | | |
| | | | | | | |
| | | | | | | |
| | | | | | | |
| | | | | | | |

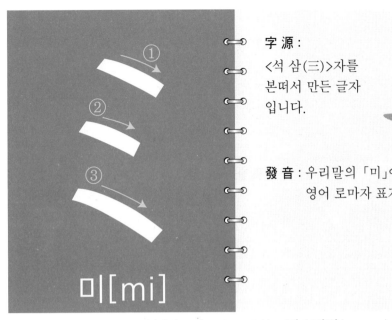

字源:

&lt;석 삼(三)&gt;자를
본떠서 만든 글자
입니다.

發音 : 우리말의 「미」에 가까운 발음으로
영어 로마자 표기는 [mi] 입니다.

미[mi]

● ミス 미스(Miss) ● ミステリー 미스터리(mystery) ● ミキサー 믹서(mixer)
● ミルク 밀크(milk) ● ミニ 미니(mini) ● ミステーク 실수(mistake)

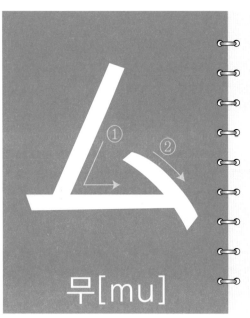

무[mu]

字源:
〈보리 모(牟)〉자의
머리 부분을 따서
만든 글자입니다.

牟

發音 : 우리말의 「무」와 「므」의 중간 정도
발음으로 대체로 「무」에 가까운 발
음이 납니다. 영어 로마자 표기는
[mu]입니다.

• ムービー 영화(movie) • ムード 분위기(mood) • キムチ 김치
• ゲーム 게임(game) • ルーム 룸(room)

| ム | ム | ム | ム | ム | ム | ム | ム |
|---|---|---|---|---|---|---|---|
|  |  |  |  |  |  |  |  |
|  |  |  |  |  |  |  |  |
|  |  |  |  |  |  |  |  |
|  |  |  |  |  |  |  |  |
|  |  |  |  |  |  |  |  |

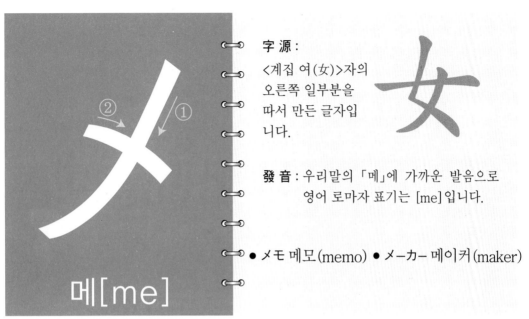

字源:

＜계집 여(女)＞자의 오른쪽 일부분을 따서 만든 글자입 니다.

發音: 우리말의 「메」에 가까운 발음으로 영어 로마자 표기는 [me]입니다.

● メモ 메모(memo) ● メーカー 메이커(maker)

メ[me]

● メニュー 메뉴(menu) ● メダル 메달(medal) ● メール 메일(mail)
● メンバー 멤버(member) ● メモ 메모(memo) ● メーカー 메이커(maker)

| メ | メ | メ | メ | メ | メ | メ |
|---|---|---|---|---|---|---|
|  |  |  |  |  |  |  |
|  |  |  |  |  |  |  |
|  |  |  |  |  |  |  |
|  |  |  |  |  |  |  |
|  |  |  |  |  |  |  |

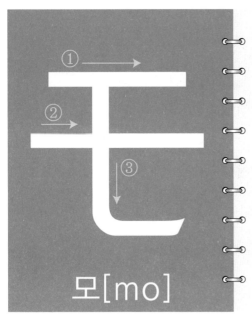

モ 모[mo]

字源:

〈털 모(毛)〉자를
본떠서 만든 글자
입니다.

毛

發音: 우리말의 「모」에 가까운 발음으로
영어 로마자 표기는 [mo]입니다.

● モンキー 몽키(monkey) ● モデル 모델(model) ● モーション 모션(motion)
● モーニング 모닝(morning) ● モダン 모던(modem) ● モーター 모터(motor)

| モ | モ | モ | モ | モ | モ | モ | モ |
|---|---|---|---|---|---|---|---|
| | | | | | | | |
| | | | | | | | |
| | | | | | | | |
| | | | | | | | |
| | | | | | | | |

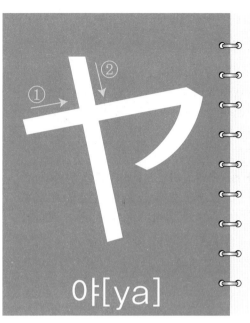

야[ya]

字源 :
字源 :
<어조사 야(也)>자
를 본떠서 만든 글
자입니다.

發音 : 우리말의 「야」에 가까운 발음의 반
모음으로 발음할 때 입술이 너무 동
그랗게 되지 않도록 주의해야 합니
다. 영어 로마자 표기는 [ya]입니
다.

● ヤヌス 야누스(yanusu) ● ヤンキー 양키, 미국 사람(Yankee) ● ヤング 영(young)
● ダイヤモンド 다이아몬드(diamond) ● イヤリング 귀고리(earring)

| ヤ | ヤ | ヤ | ヤ | ヤ | ヤ | ヤ |
|---|---|---|---|---|---|---|
|  |  |  |  |  |  |  |
|  |  |  |  |  |  |  |
|  |  |  |  |  |  |  |
|  |  |  |  |  |  |  |
|  |  |  |  |  |  |  |

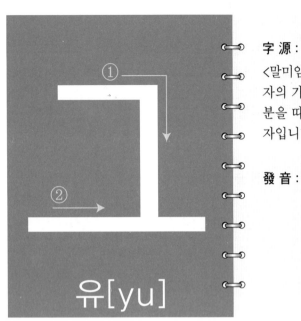

유[yu]

字源:

〈말미암을 유(由)〉 자의 가운데 일부 분을 따서 만든 글 자입니다.

發音: 우리말의 「유」에 가까운 발음의 반 모음으로 발음할 때 입술을 앞으로 내밀지 않아야 합니다. 영어 로마자 표기는 [yu]입니다.

● ユニフォーム 유니폼(uniform) ● ユニバシアード 유니버시아드(universiade)
● ユーターン 유-턴(U-turn) ● ユーモア 유머(humour) ● ユニーク 유니크(unique)

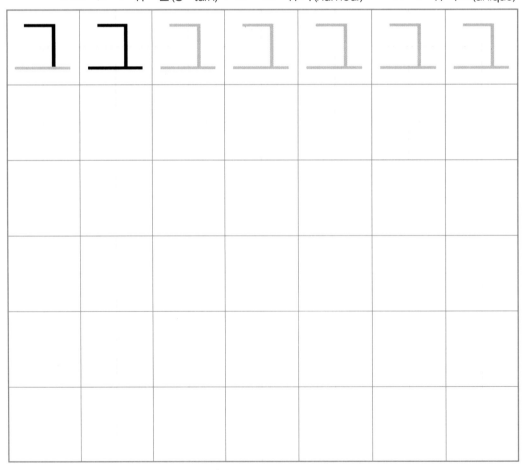

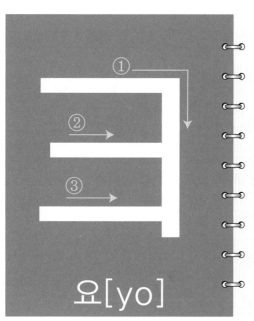

요[yo]

字源:
<더불 여(与)>자의 아래 일부분을 따서 만든 글자입니다.

發音: 우리말의 「요」에 가까운 발음의 반모음으로 발음할 때 「그」와 마찬가지로 입술을 앞으로 내밀지 않아야 합니다. 영어 로마자 표기는 [yo]입니다.

- ヨガ 요가(yoga) ● ヨーヨー 요요(yo-yo) ● ヨグルト 요구르트(yoghurt)
- ヨット 요트(yacht) ● ヨルグン 요르단(Jordan)

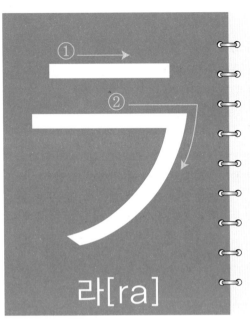

ラ

① →
②

라[ra]

良

「ㄹ」음이 첫머리라고 해서 「ㄴ」으로 발음하지 않도록 주의해야 합니다.

字源:
<어질 양(良)>자의 머리 오른쪽 일부 분을 따서 만든 글 자입니다.

發音: 우리말의 「라」에 가까운 발음으로 영어 로마자 표기는 [ra]입니다.

- ライト 라이트(light) ● ライン 라인(line) ● ランプ 램프(lamp) ● ランキング 랭킹(ranking)
- ラブ 러브(love) ● ライフ 라이프(life) ● ラスト 라스트(last) ● ライオン 라이온(lion)

| ラ | ラ | ラ | ラ | ラ | ラ | ラ |
|---|---|---|---|---|---|---|
|  |  |  |  |  |  |  |
|  |  |  |  |  |  |  |
|  |  |  |  |  |  |  |
|  |  |  |  |  |  |  |
|  |  |  |  |  |  |  |

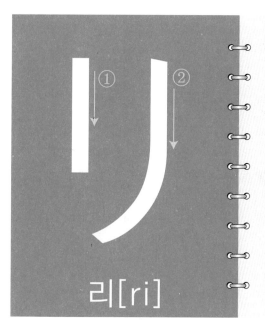

リ
① ②

리[ri]

字源 :
<이로울 이(利)>자
의 오른쪽 부분을
따서 만든 글자입
니다.

發音 : 우리말의 「리」에 가까운 발음으로
영어 로마자 표기는 [ri]입니다.

- リーグ 리그(league) • リーダー 리더(leader) • リムジンバス 리무진버스(limousine bus)
- リング 링(ring) • リボン 리본(ribbon) • リフト 리프트(lift) • リズム 리듬(rhythm)

| リ | リ | リ | リ | リ | リ | リ |
|---|---|---|---|---|---|---|
|  |  |  |  |  |  |  |
|  |  |  |  |  |  |  |
|  |  |  |  |  |  |  |
|  |  |  |  |  |  |  |
|  |  |  |  |  |  |  |

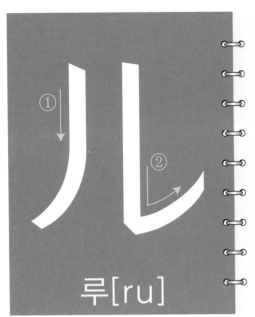

ル

루[ru]

字 源 : <흐를 유(流)>자의
오른쪽 아래 일부
분을 따서 만든 글
자입니다.

發 音 : 우리말의 「루」와 「르」의 중간 정도
발음으로 대체로 「루」에 가까운 발
음이 납니다. 영어 로마자 표기는
[ru]입니다.

● ルーム 룸(room) ● ブルー 블루(blue) ● ガール 걸(girl) ● ルック 룩(look)
● ルール 룰(rule) ● ルート 뿌리, 근원(root)

| ル | ル | ル | ル | ル | ル | ル |
|---|---|---|---|---|---|---|
| | | | | | | |
| | | | | | | |
| | | | | | | |
| | | | | | | |
| | | | | | | |

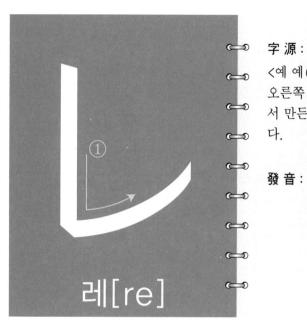

レ[re]

字源 :
<예 예(礼)>자의
오른쪽 부분을 따
서 만든 글자입니
다.

發音 : 우리말의 「레」에 가까운 발음으로
영어 로마자 표기는 [re] 입니다.

● レモン 레몬(lemon) ● レベル 레벨(level) ● レジャー 레저(leisure)
● レッスン 레슨 (lesson) ● レンズ 렌즈(lens) ● レター 레터(letter)

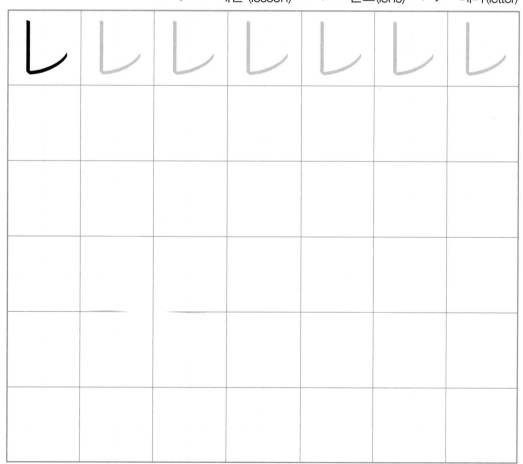

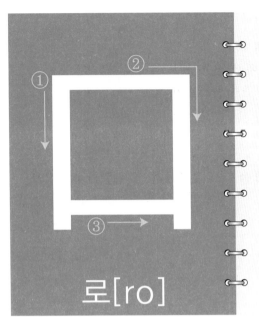

로[ro]

字源:
<음률 여(呂)>자의
머리 부분을 따서
만든 글자입니다.

發 音 : 우리말의 「로」에 가까운 발음으로
영어 로마자 표기는 [ro]입니다.

● ロマンス 로맨스(romance) ● ローション 로션(lotion) ● ロール 롤(roll)
● ロシア 러시아(Russia) ● ロス 낭비(loss) ● ロズ 장미(rose)

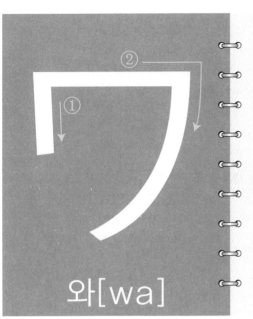

와[wa]

字源 :
<화할 화(和)>자의
오른쪽 일부분을
따서 만든 글자입
니다.

發音 : 우리말 「와」에 가까운 발음의 반모
음으로 영어 로마자 표기는 [wa]입
니다.

● ワイン 와인(wine) ● ワールド 월드(world) ● ワイフ 와이프(wife) ● ワーク 일(work)
● ワープロ 워드프로세서(wordprocessor)

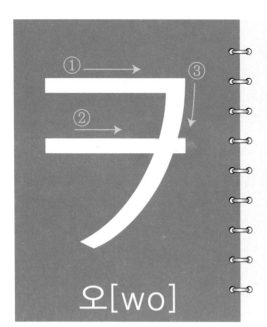

オ[wo]

字源: <옷길 원(袁)>자의 일부를 본떠서 만 든 글자입니다.

袁

發音: 우리말의「오」에 가까운 발음으로 「お」와 발음이 같지만 우리말의「을 (를)」에 해당하는 조사로만 쓰입니 다. 영어 로마자 표기는 [wo]입니 다.

ヲ ヲ ヲ ヲ ヲ ヲ ヲ

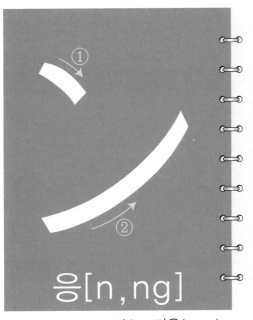

ン
응[n, ng]

字源：
<없을 무(无)>자의
일부를 본떠서 만
든 글자입니다.

發音：「ン」은 받침으로 쓰이는 글자입니
다. 따라서 단어의 첫머리에 올 수
없으며 다음에 오는 글자가 어떤 글
자이냐에 따라 우리말의 「ㅁ·ㄴ·
ㅇ·N字」음으로 발음됩니다. 통상
적으로는 「응」으로 읽습니다. 영어
로마자 표기는 [n, ng]입니다.

● ガウン 가운(gown) ● ニュアンス 뉘앙스(nuance) ● ダウン 다운(down)
● ドリンク 드링크(drink) ● デザイン 디자인(design) ● ランキング 랭킹(ranking)

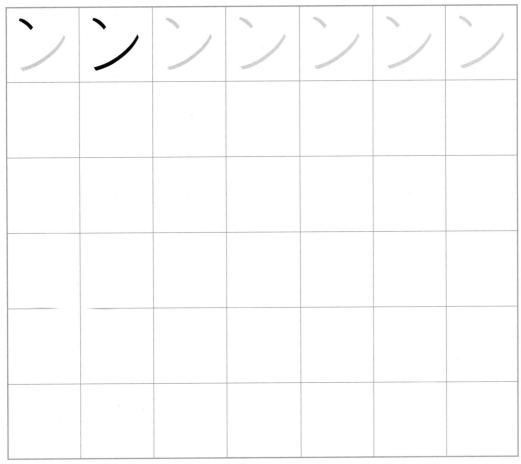

발음(撥音) [はつおん]

하쯔옹

# はつおん(하쯔옹)

▶ 「ン」을 우리말 「ㅇ」으로 발음하는 경우 (여린 입천장 소리)

「ン」다음에 「カ・ガ」行의 글자가 오면 「ㅇ」으로 발음합니다.

モンキ- 원숭이(monkey) / インキ 잉크(ink) / イングリッシュ 잉글리시(English)

アンコール 앙코르(encore) / ショッピング 쇼핑(shopping) / シングル 싱글(single)

パーキング 주차(parking) / ウエディング 웨딩(wedding)

▶ 「ン」을 우리말 「ㄴ」으로 발음하는 경우 (입천장 소리)

「ン」다음에 「サ・ザ・タ・ダ・ナ・ラ」行의 글자가 오면 「ㄴ」으로 발음합니다.

アナウンサー 아나운서(announcer) / プレゼント 선물(present) / ペンシル 펜슬(pencil)

フレンド 친구(friend) / サンドウィッチ 샌드위치(sandwich) / コンサート 콘서트(concert)

コンディション 컨디션(condition) / トンネル 터널(tunnel) / ロマンティク 로맨틱(romantic)

▶ 「ン」을 우리말 「ㅁ」으로 발음하는 경우 (입술 소리)

「ン」다음에 「マ・バ・パ」行의 글자가 오면 「ㅁ」으로 발음합니다.

コンピューター 컴퓨터(computer) / ハンバーグ 햄버그(hamburg) / サンプル 샘플(sample)

ペンパル 펜팔(penpal) / ピンポン 탁구(pingpong) / メンバー 멤버(member)

キャンパス 캠퍼스(campus) / ナンバー 넘버(number)

▶ 「N字」 발음은 우리말 「ㅇ」과 「ㄴ」의 중간음으로 발음 (비음화된 중설모음)

「ン」다음에 모음, 반모음인 「ア・ヤ・ワ」行과 「ハ」行이 올 경우와 「ン」이 단어의 맨 끝에 올 경우에는 「ㅇ」과 「ㄴ」의 중간음 정도인 비음(콧소리)으로 발음합니다.

バーゲン 바겐세일(bargain) / パンフレット 팜플렛(pamphlet) / ワイン 와인(wine)

レストラン 레스토랑(restaurant) / リボン 리본(ribbon) / バイオリン 바이올린(violine)

サラリーマン 샐러리맨(salariedman) / インフレーション 인플레이션(inflation)

ペンギン 펭귄(penguin) / デザイン 디자인(design) / オープン 오픈(open)

# 3 파생음
익히기

탁음(濁音)
반탁음(半濁音)
요음(拗音)
촉음(促音)
장음(長音)

# 탁음(濁音)

- 청음에 탁점을 붙인 것으로 주로 목의 성대를 울려서 내는 발음입니다.
- 청음「か(ガ)・き(ギ)・く(グ)・け(ゲ)・こ(ゴ)」처럼 단어의 중간이나 끝에 온다고 해서 「ㄲ」의 음으로 발음하지 않습니다. 청음은 비교적 강하게 발음하고 탁음은 약히게 발음하는 것이 좋습니다.
- 단어의 첫음이 아닌 중간 이하에 올 경우에는 비음(콧소리)이 되어 코가 울리면서 발음하기도 합니다.

## 히라가나(ひらがな)

| が | ぎ | ぐ | げ | ご |
|---|---|---|---|---|
| 가[ga] | 기[gi] | 구[gu] | 게[ge] | 고[go] |
| ざ | じ | ず | ぜ | ぞ |
| 자[za] | 지[zi] | 즈[zu] | 제[ze] | 조[zo] |
| だ | ぢ | づ | で | ど |
| 다[da] | 지[dsi] | 즈[dsu] | 데[de] | 도[do] |
| ば | び | ぶ | べ | ぼ |
| 바[ba] | 비[bi] | 부[bu] | 베[be] | 보[bo] |

## 가타카나(カタカナ)

| ガ | ギ | グ | ゲ | ゴ |
|---|---|---|---|---|
| 가[ga] | 기[gi] | 구[gu] | 게[ge] | 고[go] |
| ザ | ジ | ズ | ゼ | ゾ |
| 자[za] | 지[zi] | 즈[zu] | 제[ze] | 조[zo] |
| ダ | ヂ | ヅ | デ | ド |
| 다[da] | 지[dsi] | 즈[dsu] | 데[de] | 도[do] |
| バ | ビ | ブ | ベ | ボ |
| 바[ba] | 비[bi] | 부[bu] | 베[be] | 보[bo] |

발음할 때는 「가·기·구·게·고」앞에 짧게 「으」를 넣어 발음하면 비교적 가깝습니다.

| が | ぎ | ぐ | げ | ご |
|---|---|---|---|---|
| 가[ga] | 기[gi] | 구[gu] | 게[ge] | 고[go] |
| ガ | ギ | グ | ゲ | ゴ |

| が | ぎ | ぐ | げ | ご |
|---|---|---|---|---|
| | | | | |
| ガ | ギ | グ | ゲ | ゴ |
| | | | | |

● がくせい 학생 ● ぎんこう 은행 ● ぐんたい 군대 ● げつようび 월요일 ● ごご 오후
● ガール 소녀(girl) ● ギフト 선물(gift) ● グリーン 녹색(green)
● ゲーム 게임(game) ● ゴールド 골드(gold)

# ざ(ザ)行

우리말의 「자·지·즈·제·조」에 가까운 발음으로 발음할 때는 목구멍이 울리도록 하면서 발음합니다.

| ざ | じ | ず | ぜ | ぞ |
|---|---|---|---|---|
| 자[za] | 지[zi] | 즈[zu] | 제[ze] | 조[zo] |
| ザ | ジ | ズ | ゼ | ゾ |

| ざ | じ | ず | ぜ | ぞ |
|---|---|---|---|---|
| | | | | |
| ザ | ジ | ズ | ゼ | ゾ |
| | | | | |

- ざっし 잡지 ● じかん 시간 ● みず 물 ● ぜんぶ 전부 ● かぞく 가족
- デザイン 디자인(design) ● ジョギング 조깅(jogging) ● サイズ 사이즈(size)
- ゼロ 제로(zero) ● ゾーン 구역(zone)

우리말의 「다·지·즈·데·도」에 가까운 발음으로 단어의 중간이나 끝에 올 경우 발음할 때는 목구멍이 울리도록 하면서 발음합니다.

| だ | ぢ | づ | で | ど |
|---|---|---|---|---|
| 다[da] | 지[dsi] | 즈[dsu] | 데[de] | 도[do] |
| ダ | ヂ | ヅ | デ | ド |

| だ | ぢ | づ | で | ど |
|---|---|---|---|---|
| | | | | |
| ダ | ヂ | ヅ | デ | ド |
| | | | | |

- だいがく 대학 • ぢっし 잡지 • こづつみ 소포 • でんわ 전화 • どうぶつ 동물
- ダイアリー 다이어리(diary) • デザート 디저트(dessert) • ドクター 닥터(doctor)

| ば(バ)行 | 우리말의 「바·비·부·베·보」에 가까운 발음으로 단어의 중간이나 끝에 올 경우 발음할 때는 목구멍이 울리도록 하면서 발음합니다. |
|---|---|

| ば | び | ぶ | べ | ぼ |
|---|---|---|---|---|
| 바[ba] | 비[bi] | 부[bu] | 베[be] | 보[bo] |
| バ | ビ | ブ | ベ | ボ |

| ば | び | ぶ | べ | ぼ |
|---|---|---|---|---|
|  |  |  |  |  |
| バ | ビ | ブ | ベ | ボ |
|  |  |  |  |  |

- ばら 장미 • びょういん 병원 • ぶんか 문화 • べんきょう 공부 • ぼうし 모자
- バス 버스(bus) • ビデオ 비디오(video) • ブラウス 블라우스(blouse)
- ベスト 베스트(best) • ボーナス 보너스(bonus)

114

# 반탁음(半濁音)

- ぱ(パ)行은 청음 「は(ハ)・ひ(ヒ)・ふ(フ)・へ(ヘ)・ほ(ホ)」에 「°」이 붙은 것으로 반탁음은 이 ぱ(パ)行밖에 없습니다.
- ぱ(パ)行이 첫머리에 오는 경우는 대개 외래어, 의성어, 의태어입니다.
- 우리말의 「ㅍ」와 「ㅃ」의 중간 정도 발음으로 단어의 첫머리에 올 경우에는 「ㅍ」에 더욱 가까우며, 단어의 중간이나 끝에 올 경우에는 「ㅃ」에 가깝게 발음합니다.

| ぱ | ぴ | ぷ | ぺ | ぽ |
|---|---|---|---|---|
| 파[pa] | 피[pi] | 푸[pu] | 페[pe] | 포[po] |
| パ | ピ | プ | ペ | ポ |
| ぱ | ぴ | ぷ | ぺ | ぽ |
| パ | ピ | プ | ペ | ポ |

- ぱたぱた 쿵쿵(발 소리)  • ぴかぴか 번쩍번쩍  • てんぷら 튀김
- ぺたぺた 찰싹찰싹(때리는 소리)  • ぽかぽか 따뜻함, 훈훈함
- パーキング 주차(parking)  • ピアノ 피아노(piano)  • プログラム 프로그램(program)
- ペンシル 연필(pencil)  • ポスト 우체통(post)

# 요음(拗音)

- 오십음도 각 자음의 「い(イ)」단에 반모음인 「や(ヤ)・ゆ(ユ)・よ(ヨ)」를 작게 써서 한 음절로 발음하는 글자를 요음이라고 합니다. 이 때 작은 글자로 표기한 「や(ヤ)・ゆ(ユ)・よ(ヨ)」는 한글의 「ㅑ・ㅠ・ㅛ」와 같은 모음 역할을 하게 됩니다. 즉 「き(キ)」에 「や(ヤ)」가 작은 글자로 붙으면 「きゃ(キャ)」가 되고, 「캬」라고 발음합니다.
- 전체가 한 음절의 길이입니다. 따라서 단어의 첫머리에 올 때 빨리 발음하지 않으면 우리말 습관으로 인해 장음화되기 쉬우므로 주의해야 합니다.

| きゃ | きゅ | きょ | キャ | キュ | キョ |
|---|---|---|---|---|---|
| 캬, 꺄[kya] | 큐, 뀨[kyu] | 쿄, 꾜[kyo] | 캬, 꺄[kya] | 큐, 뀨[kyu] | 쿄, 꾜[kyo] |
| しゃ | しゅ | しょ | シャ | シュ | ショ |
| 샤[sya] | 슈[syu] | 쇼[syo] | 샤[sya] | 슈[syu] | 쇼[syo] |
| ちゃ | ちゅ | ちょ | チャ | チュ | チョ |
| 챠, 쨔[cya] | 츄, 쮸[cyu] | 쵸, 쬬[cyo] | 챠, 쨔[cya] | 츄, 쮸[cyu] | 쵸, 쬬[cyo] |
| にゃ | にゅ | にょ | ニャ | ニュ | ニョ |
| 냐[nya] | 뉴[nyu] | 뇨[nyo] | 냐[nya] | 뉴[nyu] | 뇨[nyo] |
| ぴゃ | ぴゅ | ぴょ | ヒャ | ヒュ | ヒョ |
| 햐[hya] | 휴[hyu] | 효[hyo] | 햐[hya] | 휴[hyu] | 효[hyo] |
| みゃ | みゅ | みょ | ミャ | ミュ | ミョ |
| 먀[mya] | 뮤[myu] | 묘[myo] | 먀[mya] | 뮤[myu] | 묘[myo] |
| りゃ | りゅ | りょ | リャ | リュ | リョ |
| 랴[rya] | 류[ryu] | 료[ryo] | 랴[rya] | 류[ryu] | 료[ryo] |
| ぎゃ | ぎゅ | ぎょ | ギャ | ギュ | ギョ |
| 갸[gya] | 규[gyu] | 교[gyo] | 갸[gya] | 규[gyu] | 교[gyo] |
| じゃ | じゅ | じょ | ジャ | ジュ | ジョ |
| 쟈[zya] | 쥬[zyu] | 죠[zyo] | 쟈[zya] | 쥬[zyu] | 죠[zyo] |
| ぢゃ | ぢゅ | ぢょ | ヂャ | ヂュ | ヂョ |
| 쟈[ja] | 쥬[ju] | 죠[jo] | 쟈[ja] | 쥬[ju] | 죠[jo] |
| びゃ | びゅ | びょ | ビャ | ビュ | ビョ |
| 뱌[bya] | 뷰[byu] | 뵤[byo] | 뱌[bya] | 뷰[byu] | 뵤[byo] |
| ぴゃ | ぴゅ | ぴょ | ピャ | ピュ | ピョ |
| 퍄[pya] | 퓨[pyu] | 표[pyo] | 퍄[pya] | 퓨[pyu] | 표[pyo] |

우리말의 「캬 · 큐 · 쿄」와 「갸 · 규 · 교」의 중간 정도 발음으로 단어의 첫머리에 올 때는
「캬 · 큐 · 쿄」로 발음하지만 단어의 중간이나 끝에서는 「꺄 · 뀨 · 꾜」로 발음합니다.

| きゃ | きゅ | きょ |
|---|---|---|
| 캬, 꺄 [kya] | 큐, 뀨 [kyu] | 쿄, 꾜 [kyo] |
| キャ | キュ | キョ |

| | | | |
|---|---|---|---|
| きゃ | | | |
| きゅ | | | |
| きょ | | | |
| キャ | | | |
| キュ | | | |
| キョ | | | |

● きゃく 손님(客) ● けんきゅう 연구(研究) ● きょういく 교육(教育)
● キャンプ 캠프(camp) ● ドキュメンタリー 다큐멘터리(documentary)

117

우리말의 「샤·슈·쇼」에 가까운 발음으로 영어 로마자 표기는 [sya·syu·syo] 또는 [sha·shu·sho]입니다.

| しゃ | しゅ | しょ |
|---|---|---|
| 샤[sya] | 슈[syu] | 쇼[syo] |
| シャ | シュ | ショ |

| | | |
|---|---|---|
| しゃ | | |
| しゅ | | |
| しょ | | |
| シャ | | |
| シュ | | |
| ショ | | |

● いしゃ 의사(医者) ● しゅふ 주부(主婦) ● しょくどう 식당(食堂)
● シャンプー 샴푸(shampoo) ● シューズ 슈즈(shoes) ● アクション 액션(action)

| ちゃ | ちゅ | ちょ |
|---|---|---|
| 챠,쨔[cya] | 츄,쮸[cyu] | 쵸,쬬[cyo] |
| チャ | チュ | チョ |

| | | | |
|---|---|---|---|
| ちゃ | | | |
| ちゅ | | | |
| ちょ | | | |
| チャ | | | |
| チュ | | | |
| チョ | | | |

● おもちゃ 장난감(玩具) ● ちゅうい 주의(注意) ● てちょう 수첩(手帖)

● チャンピオン 챔피언(champion) ● スチュワーデス 스튜어디스(stewardess)

● チョコレート 초콜릿(chocolate)

| にゃ | にゅ | にょ |
|------|------|------|
| 냐[nya] | 뉴[nyu] | 뇨[nyo] |
| ニャ | ニュ | ニョ |

| にゃ | | | |
|------|--|--|--|
| にゅ | | | |
| にょ | | | |
| ニャ | | | |
| ニュ | | | |
| ニョ | | | |

- にゅういん 입원(入院) ● にゅうじょうりょう 입장료(入場料) ● にょうぼう 아내(女房)
- ニュース 뉴스(news) ● メニュー 메뉴(menu)

| ひゃ | ひゅ | ひょ |
|---|---|---|
| 햐[hya] | 휴[hyu] | 효[hyo] |
| ヒャ | ヒュ | ヒョ |

| | | |
|---|---|---|
| ひゃ | | |
| ひゅ | | |
| ひょ | | |
| ヒャ | | |
| ヒュ | | |
| ヒョ | | |

● ひゃく (조수사)백(百) ● だいひょう 대표(代表) ● ひょうげん 표현(表現)
● ヒューマニズム 휴머니즘(humanism) ● ヒューズ 퓨즈(fuse)

| みゃ | みゅ | みょ |
|---|---|---|
| 먀[mya] | 뮤[myu] | 묘[myo] |
| ミャ | ミュ | ミョ |

| みゃ | | | |
|---|---|---|---|
| みゅ | | | |
| みょ | | | |
| ミャ | | | |
| ミュ | | | |
| ミョ | | | |

- みゃく 맥, 맥박(脈) ● みょうぎ 묘기(妙技) ● みょうにち 내일(明日)
- ミュージカル 뮤지컬(musical) ● ミュージアム 박물관(museum)

| りゃ | りゅ | りょ |
|---|---|---|
| 랴[rya] | 류[ryu] | 료[ryo] |
| リャ | リュ | リョ |

| | | | |
|---|---|---|---|
| りゃ | | | |
| りゅ | | | |
| りょ | | | |
| リャ | | | |
| リュ | | | |
| リョ | | | |

● りゃくじ 약자(略字) ● こくさいこうりゅう 국제교류(国際交流) ● りょこう 여행(旅行)
● リュマチ 류머티즘(rheumatism) ● リュックサック 배낭(rucksack)

우리말의 「갸·규·교」에 가까운 발음으로 영어 로마자 표기는 [gya·gyu·gyo]입니다.

| ぎゃ | ぎゅ | ぎょ |
|---|---|---|
| 갸[gya] | 규[gyu] | 교[gyo] |
| ギャ | ギュ | ギョ |

| ぎゃ | | | |
|---|---|---|---|
| ぎゅ | | | |
| ぎょ | | | |
| ギャ | | | |
| ギュ | | | |
| ギョ | | | |

● ぎゃく 반대, 거꾸로(逆) ● ぎゅうにゅう 우유(牛乳) ● そつぎょう 졸업(卒業)
● ギャラリー 갤러리(gallery) ● ギョーザ 교자(중국식 만두)

| じゃ | じゅ | じょ |
|---|---|---|
| 쟈[zya] | 쥬[zyu] | 죠[zyo] |
| ジャ | ジュ | ジョ |

| | | | | |
|---|---|---|---|---|
| じゃ | | | | |
| じゅ | | | | |
| じょ | | | | |
| ジャ | | | | |
| ジュ | | | | |
| ジョ | | | | |

● かんじゃ 환자(患者) ● じゅうしょ 주소(住所) ● うんどうじょう 운동장(運動場)
● ジャングル 정글(jungle) ● レジャー 레저(leisure) ● カジュアル 캐주얼(casual)

| ぢゃ | ぢゅ | ぢょ |
|---|---|---|
| 쟈[ja] | 쥬[ju] | 죠[jo] |
| ヂャ | ヂュ | ヂョ |

| | | | | |
|---|---|---|---|---|
| ぢゃ | | | | |
| ぢゅ | | | | |
| ぢょ | | | | |
| ヂャ | | | | |
| ヂュ | | | | |
| ヂョ | | | | |

| びゃ | びゅ | びょ |
|---|---|---|
| 뱌[bya] | 뷰[byu] | 뵤[byo] |
| ビャ | ビュ | ビョ |

| | | | |
|---|---|---|---|
| びゃ | | | |
| びゅ | | | |
| びょ | | | |
| ビャ | | | |
| ビュ | | | |
| ビョ | | | |

● さんびゃく 삼백(三百) ● びょういん 병원(病院)
● ビューティー 뷰티(beauty) ● インタビュー 인터뷰(interview)

단어의 첫머리에 올 때는 「퍄·퓨·표」로 발음하지만 단어의 중간이나 끝에서는 「빠·뷰·뾰」로 발음합니다. 영어 로마자 표기는 [pya·pyu·pyo]입니다.

| ぴゃ | ぴゅ | ぴょ |
|---|---|---|
| 퍄[pya] | 퓨[pyu] | 표[pyo] |
| ピャ | ピュ | ピョ |

| | | | |
|---|---|---|---|
| ぴゃ | | | |
| ぴゅ | | | |
| ぴょ | | | |
| ピャ | | | |
| ピュ | | | |
| ピョ | | | |

- ろっぴゃく 600(六百) ● はっぴょう 발표(発表) ● ぴょんぴょん 깡총깡총(의태어)
- コンピューター 컴퓨터(computer) ● ピューマ 퓨마(puma)

128

# 촉음(促音)

- 촉음「っ(ッ)」은 청음「つ(ツ)」의 1/2 크기로 작게 써서 받침으로만 쓰입니다.

- 단어의 첫머리에 올 수 없으며, 뒤에 오는 글자가 어떤 글자냐에 따라 우리말의「ㄱ·ㅅ·ㅂ·ㄷ」으로 발음됩니다.

- 「っ(ッ)」도 그 자체가 하나의 글자이므로 1음절 길이와 같습니다. 따라서 앞 글자에 붙여서 발음하지만 약간 길게 발음한다는 느낌으로 발음해야 합니다.

### ▶ 「っ(ッ)」을 우리말「ㄱ」으로 발음하는 경우

「っ(ッ)」다음에「か(カ)·き(キ)·く(ク)·け(ケ)·こ(コ)」인 か(カ)行의 글자가 오면「ㄱ」으로 발음합니다.

がっこう 학교(学校) / けっこん 결혼(結婚) / しんがっき 신학기(新学期)
ミュージック 음악(music) / サッカー 축구(soccer) / ホッケー 하키(hockey)

### ▶ 「っ(ッ)」을 우리말「ㅅ」으로 발음하는 경우

「っ(ッ)」다음에「さ(サ)·し(シ)·す(ス)·せ(セ)·そ(ソ)」인 さ(サ)行의 글자가 오면「ㅅ」으로 발음합니다.

ねっしん 열심(熱心) / いっしょ 함께 함(一緒) / きっさてん 다방(喫茶店)
ファッション 패션(fashion) / レッスン 레슨(lesson) / エッセイ 수필(essay)

### ▶ 「っ(ッ)」을 우리말「ㅂ」으로 발음하는 경우

「っ(ッ)」다음에「ぱ(パ)·ぴ(ピ)·ぷ(プ)·ぺ(ペ)·ぽ(ポ)」인 ぱ(パ)行의 글자가 오면「ㅂ」으로 발음합니다.

しゅっぱつ 출발(出発) / りっぱ 훌륭함(立派) / いっぴき 한 마리(一匹)
ショッピング 쇼핑(shopping) / スリッパ 슬리퍼(slipper) / ストップ 스톱(stop)

### ▶ 「っ(ッ)」을 우리말「ㄷ」으로 발음하는 경우

「っ(ッ)」다음에「た(タ)·ち(チ)·つ(ツ)·て(テ)·と(ト)」인 た(タ)行의 글자가 오면「ㄷ」으로 발음합니다.

おっと 남편(夫) / きって 수표(切手) / はったつ 발달(発達)
キッチン 부엌(kitchen) / バッテリー 배터리(battery) / チケット 티켓(ticket)

# 장음(長音)

- 장음이란 모음이 중복될 때 앞 글자의 발음을 길게 발음하는 것을 말합니다.
- 장음의 표기는 히라가나에서는 あ行(あ・い・う・え・お)을 삽입하여 표기하지만 가타카나에서는 「ー」을 삽입하여 표기합니다.
- 일본어의 장음은 「あ段」에는 「あ」, 「い段」에는 「い」, 「う段」에는 「う」, 「え段」에는 「え」 또는 「い」, 「お段」에는 「お」 또는 「う」를 각각 덧붙여 표기합니다.

**あ** 「あ段」에 모음인 「あ」가 이어질 경우 뒤의 모음인 「あ」는 장음이 됩니다.
예) ● おばあさん[오바-상] 할머니
　　 ● おかあさん[오까-상] 어머니

**い** 「い段」에 모음인 「い」가 이어질 경우 뒤의 모음인 「い」는 장음이 됩니다.
예) ● おじいさん[오지-상] 할아버지
　　 ● おにいさん[오니-상] 형님

**う** 「う段」에 모음인 「う」가 이어질 경우 뒤의 모음인 「う」는 장음이 됩니다.
예) ● ゆうき[유-끼] 용기
　　 ● くうき[구-끼] 공기

**え** 「え段」에 모음인 「え」나 「い」가 이어질 경우 뒤의 모음인 「え・い」는 장음이 됩니다.
예) ● めいし[메-시] 명함
　　 ● えいが[에-가] 영화

**お** 「お段」에 모음인 「お」나 「う」가 이어질 경우 뒤의 모음인 「お・う」는 장음이 됩니다.
예) ● おとうさん[오또-상] 아버지
　　 ● こおり[고-리] 얼음

---

일본어는 발음의 장단(長短)에 따라 그 의미가 달라지는 경우가 있으므로 주의해야 합니다.

▶ おばあさん[오바-상] 할머니 / おばさん[오바상] 아주머니
▶ おじいさん[오지-상] 할아버지 / おじさん[오지상] 아저씨
▶ ゆうき[유-끼] 용기 / ゆき[유끼] 눈
▶ めいし[메-시] 명함 / めし[메시] 밥
▶ こうこう[코-꼬-] 고등학교 / ここ[코꼬] 여기

# 4 부록
## 일본어 기본 어휘

탁음(濁音)
반탁음(半濁音)
요음(拗音)
촉음(促音)
장음(長音)

# 일본어 기본 어휘

## 조수사(개수 세는 것)

|  | 서 수 | 기 수 | 사람(人) | 장(枚) | 개(個) | 자루(本) | 대(台) |
|---|---|---|---|---|---|---|---|
| 1 | いち | ひとつ | ひとり | いちまい | いっこ | いっぽん | いちだい |
| 2 | に | ふたつ | ふたり | にまい | にこ | にほん | にだい |
| 3 | さん | みっつ | さんにん | さんまい | さんこ | さんぼん | さんだい |
| 4 | し·よん | よっつ | よにん | よんまい | よんこ | よんほん | よんだい |
| 5 | ご | いつつ | ごにん | ごまい | ごこ | ごほん | ごだい |
| 6 | ろく | むっつ | ろくにん | ろくまい | ろっこ | ろっぽん | ろくだい |
| 7 | しち·なな | ななつ | しちにん | ななまい | ななこ | ななほん | ななだい |
| 8 | はち | やっつ | はちにん | はちまい | はっこ | はっぽん | はちだい |
| 9 | きゅう·く | ここのつ | きゅうにん | きゅうまい | きゅうこ | きゅうほん | きゅうだい |
| 10 | じゅう | とお | じゅうにん | じゅうまい | じっこ | じっぽん | じゅうだい |
| 何 |  | いくつ | なんにん | なんまい | なんこ | なんぼん | なんだい |

● 장(枚) : 종이, 지폐, 접시, 유리, 손수건, 와이셔츠 등의 얇고 넓은 물건을 셀 때 쓰이는 단위.

● 개(個) : 여러 가지 물건의 개수를 셀 때 쓰이는 단위.

● 자루(本) : 가늘고 긴 물건이라면 모두 사용할 수 있습니다. 예를 들어, 연필, 담배, 우산, 그리고 병(맥주병, 간장병) 등을 셀 때도 本을 사용합니다.

● 대(台) : 기계, 자동차, 자전거 등을 셀 때 쓰이는 단위.

## 숫 자

| 漢字 | 一(いち) | 十(じゅう) | 百(ひゃく) | 千(せん) | 万(まん) |
|---|---|---|---|---|---|
| 1(一) | いち | じゅう | ひゃく | せん | いちまん |
| 2(二) | に | にじゅう | にひゃく | にせん | にまん |
| 3(三) | さん | さんじゅう | さんびゃく | さんぜん | さんまん |
| 4(四) | し・よん | よんじゅう | よんひゃく | よんせん | よんまん |
| 5(五) | ご | ごじゅう | ごひゃく | ごせん | ごまん |
| 6(六) | ろく | ろくじゅう | ろっぴゃく | ろくせん | ろくまん |
| 7(七) | しち・なな | しちじゅう ななじゅう | ななひゃく | ななせん | ななまん |
| 8(八) | はち | はちじゅう | はっぴゃく | はっせん | はちまん |
| 9(九) | きゅう・く | きゅうじゅう | きゅうひゃく | きゅうせん | きゅうまん |
| 몇(何) | なん | なんじゅう | なんびゃく | なんぜん | なんまん |

## 사람을 셀때 쓰이는 수사

| | | | |
|---|---|---|---|
| 一人 | ひとり | 十一人 | じゅういちにん |
| 二人 | ふたり | 十二人 | じゅうににん |
| 三人 | さんにん | 十四人 | じゅうよにん |
| 四人 | よにん | 十七人 | じゅうしちにん・じゅうななにん |
| 五人 | ごにん | 十九人 | じゅうきゅうにん |
| 六人 | ろくにん | 二十人 | にじゅうにん |
| 七人 | しちにん・ななにん | 七十人 | しちじゅうにん・ななじゅうにん |
| 八人 | はちにん | 九十人 | きゅうじゅうにん |
| 九人 | きゅうにん | 百人 | ひゃくにん |
| 十人 | じゅうにん | 何人 | なんにん |

## 요일과 날짜

| にちようび<br>(일요일) | げつようび<br>(월요일) | かようび<br>(화요일) | すいようび<br>(수요일) | もくようび<br>(목요일) | きんようび<br>(금요일) | どようび<br>(토요일) |
|---|---|---|---|---|---|---|
| ついたち<br>(1일) | ふつか<br>(2일) | みっか<br>(3일) | よっか<br>(4일) | いつか<br>(5일) | むいか<br>(6일) | なのか<br>(7일) |
| ようか<br>(8일) | ここのか<br>(9일) | とおか<br>(10일) | じゅういちにち<br>(11일) | じゅうににち<br>(12일) | じゅうさんにち<br>(13일) | じゅうよっか<br>(14일) |
| じゅうごにち<br>(15일) | じゅうろくにち<br>(16일) | じゅうしちにち<br>(17일) | じゅうはちにち<br>(18일) | じゅうくにち<br>(19일) | はつか<br>(20일) | にじゅういちにち<br>(21일) |
| にじゅうににち<br>(22일) | にじゅうさんにち<br>(23일) | にじゅうよっか<br>(24일) | にじゅうごにち<br>(25일) | にじゅうろくにち<br>(26일) | にじゅうしちにち<br>(27일) | にじゅうはちにち<br>(28일) |
| にじゅうくにち<br>(29일) | さんじゅうにち<br>(30일) | さんじゅういちにち<br>(31일) | なんにち<br>(몇 일) | | | |

## 때의 전·후

| ひ(日) | しゅう(週) | つき(月) | とし(年) |
|---|---|---|---|
| おととい<br>그저께 | せんせんしゅう<br>(先々週)지지난주 | せんせんげつ(先々月)<br>지지난달 | おととし<br>재작년 |
| きのう(昨日)<br>어제 | せんしゅう(先週)<br>지난주 | せんげつ(先月)<br>지난달 | きょねん・さくねん<br>(去年・昨年)작년 |
| きょう(今日)<br>오늘 | こんしゅう(今週)<br>이번 주 | こんげつ(今月)<br>이번달 | ことし(今年)<br>올해・금년 |
| あした・あす(明日)<br>내일 | らいしゅう(来週)<br>다음주 | らいげつ(来月)<br>다음달 | らいねん(来年)<br>내년 |
| あさって<br>모레 | さらいしゅう<br>(再来週)<br>다다음주 | さらいげつ<br>(再来月)<br>다다음달 | さらいねん<br>(再来年)<br>내후년 |
| しあさって<br>글피 | | | |
| まいにち(毎日)<br>매일 | まいしゅう(毎週)<br>매주 | まいつき・まいげつ<br>(毎月)매월 | まいとし・まいねん<br>(毎年)매년 |

## 월 · 개월 · 년 · 년간 · 주간

| | 월(月) | 개월(個月) | 년(年) | 년간(年間) | 주간(週間) |
|---|---|---|---|---|---|
| 1 | いちがつ | いっかげつ | いちねん | いちねんかん | いっしゅうかん |
| 2 | にがつ | にかげつ | にねん | にねんかん | にしゅうかん |
| 3 | さんがつ | さんかげつ | さんねん | さんねんかん | さんしゅうかん |
| 4 | しがつ | よんかげつ | よねん | よねんかん | よんしゅうかん |
| 5 | ごがつ | ごかげつ | ごねん | ごねんかん | ごしゅうかん |
| 6 | ろくがつ | ろっかげつ | ろくねん | ろくねんかん | ろくしゅうかん |
| 7 | しちがつ | ななかげつ | ななねん<br>しちねん | ななねんかん<br>しちねんかん | ななしゅうかん |
| 8 | はちがつ | はっかげつ<br>はちかげつ | はちねん | はちねんかん | はっしゅうかん |
| 9 | くがつ | きゅうかげつ | きゅうねん | きゅうねんかん | きゅうしゅうかん |
| 10 | じゅうがつ | じゅっかげつ<br>じっかげつ | じゅうねん | じゅうねんかん | じゅっしゅうかん<br>じっしゅうかん |
| 11 | じゅういちがつ | じゅういっかげつ | じゅういちねん | じゅういちねんかん | じゅういっ<br>しゅうかん |
| 12 | じゅうにがつ | じゅうにかげつ | じゅうにねん | じゅうにねんかん | じゅうにしゅうかん |
| 何 | なんがつ | なんかげつ | なんねん | なんねんかん | なんしゅうかん |

## 시 · 분 · 초 · 시간

| | 시(時) | 분(分) | 초(秒) | 시간(時間) |
|---|---|---|---|---|
| 1 | いちじ | いっぷん | いちびょう | いちじかん |
| 2 | にじ | にふん | にびょう | にじかん |
| 3 | さんじ | さんぷん | さんびょう | さんじかん |
| 4 | よじ | よんぷん | よんびょう | よじかん |
| 5 | ごじ | ごふん | ごびょう | ごじかん |
| 6 | ろくじ | ろっぷん | ろくびょう | ろくじかん |
| 7 | しちじ | ななふん | ななびょう | しちじかん |
| 8 | はちじ | はっぷん | はちびょう | はちじかん |
| 9 | くじ | きゅうふん | きゅうびょう | くじかん |
| 10 | じゅうじ | じゅっぷん<br>じっぷん | じゅうびょう | じゅうじかん |
| 11 | じゅういちじ | じゅういっぷん | じゅういちびょう | じゅういちじかん |
| 12 | じゅうにじ | じゅうにふん | じゅうにびょう | じゅうにじかん |
| 何 | なんじ(何時) | なんぷん(何分) | なんびょう(何秒) | なんじかん(何時間) |

136